Das Samuhel-Evangeliar
aus dem
Quedlinburger Dom

Das Samuhel-Evangeliar
aus dem
Quedlinburger Dom

KulturStiftung der Länder
Bundesrepublik Deutschland
Ernst von Siemens-Kunstfonds

Kulturstiftung der Länder – PATRIMONIA · 25

Bayerische Staatsbibliothek · Ausstellungskataloge · 53

Ausstellung 17. Januar – 27. Februar 1991

Umschlagvorderseite: Samuhel-Evangeliar, fol. 102 v, Hl. Lukas
Umschlagrückseite: Ansicht vom Quedlinburger Dom
Foto: Jutta Brüdern, Braunschweig

Herausgegeben von der Kulturstiftung der Länder
und der Bayerischen Staatsbibliothek
Redaktion: Florentine Mütherich und Karl Dachs
Ausstellung: Karl Dachs und Elisabeth Klemm
Aufnahmen: Fotostelle der Bayerischen Staatsbibliothek
Herstellung: Prestel-Verlag München 1991
Reproduktionen: Schwitter AG Basel
Satz, Druck und Bindung: Passavia Druckerei GmbH Passau

Inhalt

Geleitwort

»Habent sua fata libelli«, »Bücher haben ihre Schicksale« – dieses Zitat des römischen Dichters Terentianus Maurus wird gerne angeführt, wenn die wechselvolle Geschichte von Handschriften und Druckwerken durch Besitz- und Ortsveränderungen charakerisiert werden soll. Schenkungen, Tausch und Kauf, aber leider auch Kriegsumstände haben durch die Jahrhunderte immer wieder zu Orts- und Besitzwechsel wertvollsten Bibliotheksgutes geführt. Beispiele aus der Bibliotheksgeschichte zeigen, daß manche durch Kriegsereignisse erfolgte Aneignung von Büchern wiedergutgemacht werden konnte. Die Rückgewinnung des am Ende des Zweiten Weltkrieges abhanden gekommenen Samuhel-Evangeliars aus dem Quedlinburger Domschatz vermehrt diese Beispiele.

Der Kulturstiftung der Länder ist es gelungen, diese kostbare karolingische Handschrift in ihre Heimat zurückzuführen. Die Rückkehr des über elfhundert Jahre alten Evangeliars wurde vor dem Fall der Mauer, die die beiden deutschen Staaten trennte, eingeleitet. Durch die inzwischen eingetretene Wiedervereinigung Deutschlands hat der Erwerb des Quedlinburger Evangeliars eine politische Dimension erhalten, die zunächst nicht zu ahnen war, und die die Rückführung geradezu als symbolträchtig erscheinen läßt.

Die Kulturstiftung der Länder hat damit einmal mehr bewiesen, daß sie ein handlungsfähiges Instrument des Föderalismus ist. Den vorrangigen Stiftungszweck der »Förderung und Bewahrung von Kunst und Kultur nationalen Ranges« (§ 2 der Satzung) hat sie seit ihrer Errichtung immer wieder mit Leben erfüllt. Die gelegentliche Beteiligung der Bundesregierung an Förderungsmaßnahmen der Kulturstiftung – sie erfolgt auch in diesem Fall und beträgt ein Drittel der Kosten – unterstreicht die Bemühungen um eine gedeihliche Zusammenarbeit.

Als Vertreter des Freistaates Bayern im Stiftungsrat gebe ich meiner Genugtuung Ausdruck, daß hier ein kulturell so herausragender Beitrag der alten Länder, unter anderem von Bayern, zur Unterstützung eines neuen Landes geleistet werden konnte. Das großartige karolingische Evangeliar soll in nicht ferner Zukunft nach Quedlinburg zurückkehren. Zuvor wird es in der Bayerischen Staatsbibliothek restauriert. Ich begrüße es, daß diese Bibliothek von europäischem Rang sich mit ihren reichen Erfahrungen der Aufgabe unterzogen hat, die Handschrift sorgfältig in einen restauratorisch zu verantwortenden Zustand zu versetzen, in welchem sie in Zukunft an ihrem angestammten Platz in Quedlinburg aufbewahrt werden soll.

Hans Zehetmair
Bayerischer Staatsminister für Unterricht, Kultus,
Wissenschaft und Kunst

Vorwort

Die Kulturstiftung der Länder hat die Bayerische Staatsbibliothek gebeten, das Quedlinburger Evangeliar zu restaurieren. Die Bibliothek hat die Bitte gern aufgegriffen. Die in ihrer Bindung gelockerte Handschrift wurde in Einzelblätter zerlegt und gereinigt und wird nach dieser Ausstellung neu gebunden. Von Grund auf gereinigt wurde auch der Metalleinband. Die reiche, wissenschaftlich fundierte Erfahrung und das handwerkliche Können im Institut für Buch- und Handschriftenrestaurierung der Bayerischen Staatsbibliothek hat schon die vier Eigentümer des Evangeliars Heinrichs des Löwen veranlaßt, dasselbe in München restaurieren zu lassen. Herr Arnold Wensky und Frau Luise Karl nehmen sich nun auch des Quedlinburger Evangeliars an, bei der Behandlung des Golddeckels dankenswerterweise beraten und unterstützt von Herrn Peter Bolg von der Goldschmiedewerkstatt des Kölner Doms.

Ein weiterer Grund, die Handschrift auf Zeit in die Verwahrung der Bayerischen Staatsbibliothek zu geben, war der Umstand, daß zwei der für die wissenschaftliche Untersuchung der Handschrift wichtigsten Forscher, der Paläograph Professor Bernhard Bischoff und die Kunsthistorikerin Professor Florentine Mütherich in München leben. Beide Autoren haben zusammen mit Pater Bonifatius Fischer, Abtei Mariendonk, Professor Dietrich Kötzsche, Berlin, und Dr. Katharina Bierbrauer, München, ihre durch Augenschein der Handschrift gewonnenen Erkenntnisse in den hier abgedruckten Beiträgen niedergelegt, so daß zum ersten Mal eine wissenschaftliche fundierte Untersuchung der Problematik dieser wichtigen karolingischen Handschrift vorliegt. Professor Horst Fuhrmann, München, verdanken wir eine Schilderung der historischen Dimension der hochmittelalterlichen Königslandschaft nördlich und südlich des Harzes, deren Kenntnis die Bedeutung des Quedlinburger Domschatzes und des Samuhel-Evangeliars deutlich werden läßt.

Die Bayerische Staatsbibliothek war frühzeitig über den komplizierten Prozeß der Erwerbung des Quedlinburger Evangeliars informiert. Auf Wunsch der Kulturstiftung der Länder erstellte Dr. Karl Dachs, Leiter der Handschriftenabteilung ein Gutachten, das die damals in Zürich liegende Handschrift identifizierte, ihren guten Erhaltungszustand feststellte und ihre herausragende Bedeutung wertete.

Mit Zustimmung und Unterstützung der Kulturstiftung der Länder hat die Bayerische Staatsbibliothek die Gelegenheit ergriffen, die Handschrift in zerlegtem Zustand in einer Ausstellung zu zeigen. Es ist das erste Mal, daß sie einer größeren Öffentlichkeit überhaupt zugänglich gemacht wird. Es bot sich an, vier Handschriften, die von der Forschung in einen Schulzusammenhang mit dem Quedlinburger Evangeliar gebracht worden sind, mit demselben zu konfrontieren und in die Ausstellung mit einzubeziehen. Zwei stammen aus dem Bestand der Bayerischen Staatsbibliothek. Erfreulicherweise haben die Société des Bollandistes, Brüssel, und die Universitätsbibliothek Augsburg unserem Wunsch nach Ausleihe zweier weiterer Evangeliare stattgegeben. Den beiden Institutionen gilt daher unser aufrichtiger Dank.

Franz Georg Kaltwasser
Direktor der Bayerischen Staatsbibliothek

Die Rückgewinnung der Handschrift

»Zweck der Stiftung ist die Förderung und Bewahrung von Kunst und Kultur nationalen Ranges« – so haben die Ministerpräsidenten ihrer Kulturstiftung der Länder den Stiftungszweck vorgeschrieben. Die Gründungsväter dachten an herausragende Kunstwerke, deren Ankauf den Erwerbungsetat einer einzelnen Institution und die Haushaltsmittel eines einzelnen Bundeslandes übersteigen; sie dachten daran, gemeinsam diese Kunstwerke im Ausland auf Auktionen zu ersteigern und zurückzuerwerben oder gemeinsam Kunstwerke vor Abwanderung zu bewahren. Kurz, da die Kulturhoheit bei den Ländern liegt, war und ist diese länderübergreifende Aufgabe der Kulturstiftung der Länder auch ein Zeichen dafür, daß Föderalismus nicht mit einem kulturellen Wagenburgdenken gleichzusetzen ist (Max Streibl).

Niemand aber dachte bei der Gründung 1988 daran, daß die Stiftung jemals auch bei 1945 gestohlenem Kulturgut agieren sollte. Doch auch hier begleitet uns schattenartig unsere Geschichte, unsere Vergangenheit. Wenngleich über einige Vorkommnisse im Vorfeld durchaus spannend zu berichten wäre, sei hier nur erwähnt, daß das Samuhel-Evangeliar, das 1945 in Quedlinburg mit Teilen des Domschatzes abhanden kam, mehreren internationalen Antiquariaten und Auktionshäusern angeboten worden war; daß niemand sich – wohl wissend, daß die Eigentumsfrage ›heikel‹ war – für den Ankauf oder für die Annahme zur Versteigerung entscheiden wollte; und daß ein Preis um 9 Millionen US-Dollar gefordert wurde.

Am Freitag, dem 23. März 1990, rief gegen 10.00 Uhr der Antiquar Heribert Tenschert aus Rotthalmünster die Stiftung an, er könne in der Schweiz von einer anonymen amerikanischen Gruppe die Handschrift aus Quedlinburg erwerben. Er habe nach energischen Verhandlungen eine erhebliche Reduzierung des Kaufpreises erreicht, nämlich auf einen ›Finderlohn‹ von 3 Millionen US-Dollar; aber es sei Eile geboten bei der Entscheidung.

Es folgte mittags die Entscheidung des Vorstands gegenüber Herrn Tenschert: Vorausgesetzt, zwei Gutachter (Frau Professor Dr. Florentine Mütherich und Dr. Karl Dachs) bestätigen den Rang und die vorzügliche Erhaltung; vorausgesetzt, daß keine Kommission für die Vermittlung entsteht; und vorbehaltlich einer positiven Entscheidung des Stiftungsrats am 27. April wird Herr Tenschert ermutigt, das Evangliar zu erwerben, um es seinerseits der Kulturstiftung unmittelbar weiterzuvermitteln. Den Kaufvertrag fertigte dann die renommierte Berliner Anwaltskanzlei Dr. Raue.

Am 27. April tagte der Stiftungsrat in der Villa Hügel in Essen unter dem Vorsitz des nordrhein-westfälischen Ministerpräsidenten Dr. h. c. Johannes Rau. Die Entscheidung: Die Kulturstiftung der Länder und das Bundesministerium des Innern ($^2/_3 + ^1/_3$) erwerben gemeinsam das Evangeliar mit dem Ziel, es der Domgemeinde in Quedlinburg zurückzugeben. Damit war auch das kritische Problem gelöst, ob man sich der Hehlerei schuldig machte, denn Hehlerei liegt nicht vor, wenn wissentlich gestohlenes Gut erworben wird mit der Absicht, es dem rechtmäßigen Eigentümer zurückzugeben.

Nun beginnt die Abwicklung der Finanzierung: Der Ernst von Siemens-Kunstfonds hilft der Stiftung, einen noch nicht verfügbaren Teilbetrag von 700 000 DM zinslos vorzufinanzieren. Damit ist das Evangeliar für Deutschland gerettet, die Länder haben wahrhaft über ihre Grenzen gewirkt, Länder und Bund haben ein Denkmal von nationalem Rang gesichert, alle Aufregung scheint zu Ende. Über die Angemessenheit des ›Finderlohns‹ mag man diskutieren; man mag auch bedauern, daß Lösegeld und Verfahren überhaupt akzeptiert werden: Doch über allem bleibt der imperiale Rang des Evangeliars.

Nachricht, Vorgang und Ablauf dieser Erwerbung bringen ungeheures Presse-Echo, vor allem in den Vereinigten Staaten. Hier werden die Recherchen der Journalisten beflügelt, William Honan von der New York Times findet die Familie Meador, man findet Spuren, man findet weitere Teile des Kirchenschatzes. In den Zeitungen neue Stories jeden Tag. Stück für Stück kommen Informationen an den Tag, die eine Art Lawine ins Rollen bringen; da dieses Kapitel der Geschichte noch nicht abgeschlossen ist, mögen und müssen einige Stichworte hier genügen. Eine endgültige Klärung über die Rückführung des Schatzes steht zum Zeitpunkt der Drucklegung dieses Bildheftes noch aus.

Teile des Domschatzes und andere wertvolle Gegenstände waren seit 1942 in einer Verwahrstätte am Nordabhang des Altenburghöhenzuges bei Quedlinburg eingelagert; im April 1945 hatten amerikanische Truppen die Höhle besetzt und unter Bewachung genommen. Während bei einer ersten Besichtigung durch offizielle Quedlinburger Stellen noch alles vorhanden schien, mußte man bei einer zweiten Begehung – noch vor Abzug der Truppen – feststellen, daß inzwischen wichtige Stücke des Domschatzes fehlten. Eine Untersuchung durch die zuständigen amerikanischen Stellen wurde vorgenommen, dann aber 1949 – nach Gründung der DDR – eingestellt.

Allem bisherigen Anschein nach war es der amerikanische Oberleutnant Joe Tom Meador, der Teile des Domschatzes in seinen Besitz gebracht und sie – wohl mit der Feldpost – in die Vereinigten Staaten gesandt hatte. Inhaber eines Eisenwarenhandels, Orchideenzüchter und weitgehend zurückgezogen in dem kleinen Ort Whitewright (Texas) lebend, hatte er offenbar nur Wenigen Einblick in seine Vergangenheit gegeben. Als er 1980 starb, hinterließ er den Erben auch seine ›Kriegstrophäen‹.

Dies – und vieles mehr – wurde erst nach dem ›Kauf‹ des Evangeliars bekannt; die neuen Umstände ermöglichten dann die Einleitung rechtlicher Schritte, z. B. die Beauftragung einer amerikanischen Anwaltskanzlei durch die Stiftskirche Quedlinburg. (Die Kulturstiftung sprang für die Prozeßkaution ein und für die Reisekosten des Gutachters.) Im Verlauf der sich anschließenden juristischen Untersuchungen ergaben sich bislang unbekannte Details.

Erste unmittelbare Konsequenz war, daß die letzte Rate des ›Finderlohns‹ durch Herrn Tenschert nicht mehr ausbezahlt wurde, sondern der Kulturstiftung zurückerstattet werden konnte: immerhin 1 125 000 US-Dollar. Für die nunmehr bekannten Erben öffnete sich eine Zwickmühle zwischen nachzuzahlender Erbschafts- und Vermögenssteuer und strafrechtlicher Verfolgung. In dieses Umfeld fiel auch die ›Rückgabe‹ einer weiteren, bislang vermißten und auch in den Banktresoren in Amerika nicht auffindbaren Quedlinburger Handschrift: eines Evangelistars von 1513, das anonym der Kulturstiftung in Genf ›zugespielt‹ wurde. Der ironische Rat Umberto Ecos (aus seinem ›Diario minimo‹), »Mi spiace molto, perchè il libro merita. Ma non possiamo metterci a fare anche i poliziotti. Io quindi lascerei perdere« (Tut mir sehr leid, das Buch als solches hätte die Mühe verdient. Aber wir können nicht auch noch anfangen, uns als Schutzmänner zu betätigen. Ich würde es vergessen), wurde nicht beherzigt.

So sind die Dinge im Augenblick des Niederschreibens dieser Zeilen immer noch im Fluß; der Bund hat sich bereit erklärt, die Anwaltskosten in den Vereinigten Staaten zu tragen – wofür ihm großer Dank gebührt. Sollte es bald gelingen, die gestohlenen Teile des Domschatzes zurückzuführen, könnte der gesamte Schatz während der notwendigen

Umbau- und Sicherungsmaßnahmen in der Stiftskirche in Quedlinburg in einer temporären Ausstellung – neben dem Welfenschatz – im Kunstgewerbemuseum Stiftung Preußischer Kulturbesitz, Berlin, gezeigt werden. Eine solche Ausstellung könnte aus den Mitteln bestritten werden, die der Bund über die Kulturstiftung bereitstellt. Für die Umbaumaßnahmen in Quedlinburg hat die Firma C. & A. Brenninkmeyer der Kulturstiftung bereits eine Viertelmillion DM zur Verfügung gestellt: Dafür danken wir und die Domgemeinde dem Spender.

Hier, mit dieser Rettung, wird die ganze Summe der satzungsgemäßen Aufgaben der Kulturstiftung sichtbar, die nun einem Projekt zugutekommt: Bewahrung von Kulturgut, Förderung von überregional bedeutsamen Ausstellungsvorhaben, Einwerbung von Drittmitteln, kurz systematisches, programmatisches, aber auch unbürokratisches Agieren. Daß sie dies bereits grundsätzlich vermag, liegt nicht zuletzt an der Struktur, die die Ministerpräsidenten der Kulturstiftung gaben; diese Struktur zu nutzen, die Chancen, die in der größeren Beweglichkeit – gemessen etwa an Ministerien – liegen, wahrzunehmen und mit wenig Bürokratie zu handeln: dies zu leisten, wird auch in Zukunft unsere Aufgabe sein. Am Beispiel des Samuhel-Evangeliars, das die Kulturstiftung lange vor der Einigung Deutschlands erwarb – mit all den unvorhersehbaren Nebeneffekten –, wollen wir uns gerne messen lassen.

Klaus Maurice
Generalsekretär der KulturStiftung der Länder

HORST FUHRMANN

Vom einstigen Glanze Quedlinburgs

»Zu und enttäuscht wie ein Postamt am Sonntag«, so erschien Rilke eine Kirche, die zur Tröstung nicht geöffnet ist, und »zu« findet heute der enttäuschte Besucher auf dem Quedlinburger Schloßberg meist die ehemalige Stiftskirche St. Servatius, geöffnet nur zu wenigen Führungen und zu knappen Gottesdiensten. Das Abgeschnittensein der letzten Jahrzehnte hat, zumal bei uns Westdeutschen, das Bewußtsein schwinden lassen, welche Ansammlung frühmittelalterlicher Macht und Größe in diesem Raum südwestlich Magdeburg in und um solche Orte wie Halberstadt, Gernrode, Merseburg, Querfurt, Naumburg bestanden hat. Auch der westdeutsche Historiker, der als Büchergelehrter seine Vorlesungen und Seminare über die Ottonen- und Salierzeit – über das 10. und 11. Jahrhundert – brav abgehalten hat, sollte sein Überraschtsein nicht verhehlen, wenn er vor die Dome und Burgen dieser Städte tritt, die ihm aus den Schriften eines Widukind von Corvey oder eines Thietmar von Merseburg vertraut sind und doch ohne Anschauung waren. Quedlinburg, um das es hier geht, ist ein Juwel dieser Königslandschaft.

Zunächst eine Ortsbestimmung: Quedlinburg liegt im nordöstlichen Harzvorland an der Bode, deren Lauf heute durch Talsperren gestört ist, in einer Kernlandschaft der Könige aus sächsischem Hause, kirchenorganisatorisch zur Diözese Halberstadt gehörig, die als Suffraganbistum dem Erzbischof von Mainz unterstand. In welcher Dichte im 10. und 11. Jahrhundert hier geistliche Konvente entstanden sind, lehrt ein Vergleich. In der Diözese Freising, zu der damals der historisch noch nicht wahrnehmbare Flecken München gehörte, zählt man zehn, in der Diözese Regensburg elf Gründungen von Stiftern und Klöstern in der Zeit von Konrad I. bis zum Wormser Konkordat, von 911 bis 1122, im Bistum Halberstadt dagegen über fünfunddreißig: Der sächsische Adel sorgte für sein Seelenheil. Da war das Kloster Gröningen, von Graf Sigfried, einem Vertrauten der königlichen Familie, 936 eingerichtet; das Kanonikerstift Walbeck bei Helmstedt hatte Graf Liuthar, der Großvater des Chronisten Thietmar von Merseburg, als Sühne für einen erfolglosen Aufstand gegründet.

So ließe sich fortfahren. Ein besonders großzügiger Stifter war Markgraf Gero, der ab 960 die Klosterkirche Gernrode errichten ließ, den einzigen Bau unter den vielen damals entstandenen, der in originaler Gestalt auf uns gekommen ist und der uns eine Vorstellung gibt von der Schönheit vorromanischer Baukunst. In seinem Kampf gegen die Slaven war Gero skrupellos und raffgierig vorgegangen. Dreißig wendische Große, die er einer Verschwörung verdächtigte, lud er zu einem Friedensmahl, um sie bei Tisch umzubringen. Als 959 sein einziger Sohn Siegfried starb, zog er wallfahrtend nach Rom, legte seine siegreichen Waffen am Altar des Apostelfürsten Petrus nieder und kaufte einen Arm des Märtyrers Cyriakus als wertvolle Reliquie, die er nach seiner Rückkehr dem Nonnenkloster Gernrode übergab, dem als Äbtissin Hadwig, die Witwe seines Sohnes, vorstand. In der Klosterkirche Gernrode, die ohne den Reichtum aus slavischen Raubzügen und Tributzahlungen und ohne zweifelhafte Erbaneignungen kaum hätte errichtet werden können, ließ sich Gero († 20. Mai 965) auch beisetzen, in der Hoffnung auf die heilswirksamen Gebete der Nonnen.

Mit der Gründung eines Nonnenklosters entsprach Gero einer Üblichkeit der damaligen sächsischen Adelsgesellschaft. In der Diözese Halberstadt, in der Quedlinburg liegt, wurden von 936 bis 1025 vierzehn Nonnen-, aber nur sieben Männerklöster gegründet. Man hat für dieses Phänomen verschiedene Erklärungen angeführt: wie die noch nicht lange christianisierten Sachsen hätten auch andere germanische Völker – die Franken und die Angelsachsen – unmittelbar nach ihrer Bekehrung bevorzugt geistliche Frauengemeinschaften eingerichtet. Bereits in vorchristlicher Zeit hätte die Überzahl unverheirateter Mädchen ein Problem dargestellt: so wären wegen der Versorgungsnöte Kindstötungen selbst bei Adligen vorgekommen. Auch seien unverheiratete Frauen nicht selten »blutschänderischen Angriffen ihrer eigenen Verwandten ausgesetzt« gewesen, und die Kinder aus solchen inzestuösen Verbindungen hätten die ohnehin angespannte Versorgungslage der großen Familien noch schwerwiegender gefährdet. Sie zählten nämlich bei Vermögensteilungen mit, und unheilgeladen sei die Situation geworden, wenn der Vater des Kindes nicht ebenbürtig war, ein Unfreier, auf den, wie auf die geschändete Frau, harte Strafen warteten.

Dies alles sind mehr oder minder spekulative Erklärungsversuche, da bei einer solchen, nahezu schriftlosen Laiengesellschaft kaum Nachrichten existieren. Schandtaten und standesschädigende Übergriffe gehörten sicherlich nicht zu den bevorzugten Themen der häufig geschlechtergebundenen geistlichen Berichterstatter. Auf jeden Fall entspannten Nonnenklöster die materielle und rechtliche Konkurrenzsituation in den Familien; die Klöster wurden wichtige Versorgungseinrichtungen für unverheiratete Mädchen.

Zugleich ist zu bedenken, daß Ehefrauen in jenen rauhen Zeiten ihre Männer häufig um viele Jahre überlebten, waren sie doch gewöhnlich in kindlichem Alter – nicht selten erst zwölf- bis fünfzehnjährig – verheiratet worden. Königin Mathilde († 968) überlebte ihren Gemahl Heinrich I. um zweiunddreißig Jahre, ihre Tochter Gerberga überlebte ihren ersten Gemahl um dreißig, ihren zweiten um fünfzehn Jahre, und beide Ehemänner waren keinen natürlichen Tod gestorben. Gerbergas Schwester Hadwig, verheiratet mit dem vornehmsten Kapetinger, dem Herzog Hugo dem Großen († 956), lebte noch neun Jahre nach dessen Tod. Man hat ausgerechnet, daß, trotz der Gefahr eines frühen Todes im Wochenbett die Ehefrauen ihre Männer im Verhältnis 3 : 1 überlebten. Der Erbgang hat diese Witwen häufig reich werden lassen. Die Lex Saxonum, das alte Sachsenrecht, schrieb vor, daß die *hereditas* eines Vaters oder einer Mutter an den Sohn, nicht an die Tochter zu gehen habe; wenn jedoch nur noch Töchter am Leben waren, dann erbten diese alles; die Brüder der Eltern, die in manchen Germanenrechten ein Mundschaftsvorrecht genossen, blieben ausgeschlossen. Durch das Überleben der Frauen kamen häufig erhebliche Erbmassen zusammen, die zu großen Teilen an geistliche Stiftungen weiterflossen.

In diese Rechts- und Vorstellungswelt gehört das Nonnenkloster und spätere Damenstift Quedlinburg. Seine Gründung ist eng mit dem Namen des ersten deutschen Königs Heinrich I. aus sächsischem Hause (919-936) und seiner zweiten Gemahlin Mathilde, einer Ururenkelin des berühmten Sachsenherzogs Widukind, verbunden. Quedlinburg als befestigter und mit einer Kirche ausgestatteter Ort ist älter; er scheint ein bevorzugter Aufenthaltsort Heinrichs I. gewesen zu sein, einbezogen in das von Heinrich gegen die ständigen Ungarnstürme errichtete Burgensystem. Es ist der in Quedlinburg als Sohn eines Stiftsadvokaten geborene Klopstock, der Dichter der viel gelobten, aber wenig gelesenen Oden, der in Erinnerung an Heinrichs nicht weit von Quedlinburg errungenen Ungarnsieg bei Riade 933 die Verse fand: »Der Feind ist da. Die Schlacht beginnt. / Wohlauf, zum Sieg herbei! / Es führet uns der beste Mann / im ganzen Vaterland.« Heinrich war auch für Mathilde »der beste Mann«. 929 hatte er, wie es in der Urkunde hieß, »unserer allersüßesten Gemahlin Mathilde« reiche Besitzungen als Wittum, als Witwenversorgung, übergeben, an der Spitze Quedlinburg, und als Heinrich am 2. Juli 936 in der Pfalz zu Memleben an der Unstrut starb, wurde sein Leichnam sogleich nach Quedlinburg überführt und hier »auf der Burg« beigesetzt.

Mathilde als Eigentümerin des Burgbergs beschloß, in Aufnahme früherer Pläne, über dem Grab Heinrichs ein Frauenstift zu errichten, und in der ersten Urkunde, die der neue König Otto I., Heinrichs und Mathildes ältester Sohn, nach Regierungsantritt ausstellte – am 13. September 936 in Quedlinburg – wurden die Gründung und die Eigentumsrechte des neu gestifteten Frauenklosters bestätigt. Das Stift erhielt einen außergewöhnlichen Rechtsstatus: Wenn ein Mitglied der ottonischen Familie den Thron im Reich innehabe, solle dieses Macht und Schutz über das Kloster ausüben; werde »ein anderer König aus dem Volk gewählt« *(alter e populo eligatur rex)*, so solle dieser die Macht, der Mächtigste der ottonischen Verwandtschaft aber den Schutz, das Vogtamt, innehaben. Mit dieser engen Bindung an die Familie der Ottonen beginnt Quedlinburgs große Zeit.

Nicht daß die Königswitwe Mathilde den Quedlinburger Burgberg von Grund auf neu gestaltet hätte: neben dem Königshof mit seiner festen Ummauerung bestand eine mit Kanonikern besetzte Burgkirche St. Jacobi und Wiperti, deren Stift, vom Nonnenkloster verdrängt, samt dem Hauptpatrozinium St. Wiperti an den Bergfuß verlegt wurde. Bevorzugter Patron der neuen Stiftskirche wurde, wie es heißt, auf Wunsch der Königin der heilige Servatius, ein aus dem oströmischen Reich stammender Bischof von Tongern des 4. Jahrhunderts, dem wegen seiner unbeirrten Rechtgläubigkeit der Legende nach der Apostel Petrus selbst einen silbernen Schlüssel, den Himmelsschlüssel, geschenkt haben soll. Sein Verehrungsgebiet war zunächst Tongern selbst, sodann die Gegend um Maastricht, später auch der Mittelrhein und der Moselraum. Im Harzvorland war seine Verehrung auf dem Altar eine Ausnahme, ebenso wie die des heiligen Dionysius, des Beschützers der Grablege der fränkischen Könige, dessen Reliquie in Form eines Armes der französische König Karl III. der Einfältige Heinrich I. geschenkt hatte, der sie Quedlinburg übergab.

Nicht so sehr das Nonnenkloster, wo, wie es in jener noch im Original erhaltenen Stiftungsurkunde Ottos des Großen steht, »das Lob des allmächtigen Gottes und seiner Erwählten ständig gepflegt werden soll« *(in perpetuum colatur)*, auch nicht die Altaranlage mit dem Grab Heinrichs I. verlangten eine bauliche Neugestaltung mit entsprechender Personalvermehrung: vielmehr wurde Quedlinburg so etwas wie die Familienpfalz der ottonischen Könige. Der König, der sein Amt im Umherziehen ausübte, pflegte in manchen Pfalzen zu bestimmten Zeiten abzusteigen, und Quedlinburg war die Pfalz, wo der königliche Hof Ostern, das höchste Fest der Christenheit, feierte und wo der König bei der Ostermesse abermals gekrönt wurde, indem er, um den Quellenausdruck zu gebrauchen, »unter der Krone ging«. Schon Heinrich I. hatte Quedlinburg bevorzugt; hier richtete er 929 die Hochzeit Ottos I. mit der englischen Königstochter Edith aus, und man war des Osteraufenthaltes Ottos I. so sicher, daß er hier 941 beim Auferstehungsfest von Verschwörern ermordet werden sollte. Dem Komplott, das durch Verrat aufflog, gehörte auch der etwa zehn Jahre jüngere Bruder Heinrich an, der von seiner Mutter, der Königswitwe Mathilde, unterstützt, Anspruch auf den Thron erhob, weil er zu einer Zeit geboren war, als sein Vater Heinrich bereits die Königswürde besaß, während Otto I. abwertend als Herzogssohn betrachtet werden konnte. Reuevoll suchte Heinrich Weihnachten 941 die Vergebung seines Bruders Otto I., und eine in der Zeit vor dem Ersten Weltkrieg häufig zitierte Ballade schildert die Rührszene, für die das Ottolied der Hrotsvit von Gandersheim die Vorlage abgab. »Zu Quedlinburg im

Dome ertönet Glockenklang, / der Orgel Stimmen brausen zum ernsten Chorgesang; / es sitzt der Kaiser drinnen mit seiner Ritter Macht, / voll Andacht zu begehen die heil'ge Weihenacht!« Otto vergab seinem Bruder, der sich in Büßertracht vor ihm niedergeworfen hatte: »Nie schöner ward begangen die heil'ge Weihenacht.« Die Erinnerung an die frühere Größe Quedlinburgs scheint so überwältigend gewesen zu sein, daß der Reimeschmied Heinrich von Mühler (1813-1874) – kein anderer als der spätere, auf Bismarck eingeschworene Kultusminister, der in seiner Jugend als Jurist in Naumburg tätig war – die für Frankfurt überlieferte Szene hierher nach Quedlinburg verlegt hat.

Wie eng wirklich sich Otto I. mit Quedlinburg verbunden fühlte, läßt sich daran ablesen, daß er auf seiner Romfahrt zur Kaiserkrönung 962 zahlreiche Reliquien erwarb und sie der in dieser Beziehung etwas mangelhaft ausgestatteten Stiftskirche seiner Mutter Mathilde zukommen ließ. Es waren darunter Reliquien des Papstes Fabian, des Jägerheiligen Eustachius, des Märtyrers Pantaleon, aus dessen Wunde Milch floß, als er enthauptet wurde, und auch der vollständige Leichnam der heiligen Laurentia; zwei Jahre später wurde die Reliquiensammlung durch den Leib der heiligen Stephana ergänzt: Quedlinburg besaß auf das Ende des 10. Jahrhunderts zu eine stattliche, wenn auch etwas bunte heiltumskräftige Reliquiensammlung.

Die Königin Mathilde, über deren Lebensführung zwei Biographen Auskunft geben, vergaß nicht die Verantwortung für das Seelenheil ihrer Familie. Eine ihrer letzten Handlungen war die Übergabe eines Kalendars an ihre Nachfolgerin, ihre dreizehnjährige Enkelin Mathilde; in diesem Kalendar waren die Namen und Todesdaten sächsischer Fürsten eingetragen, und sie bat die neue Äbtissin, sie möge nicht nur ihrer, Mathildes, und ihres Großvaters Heinrich im Gebet gedenken, sondern auch aller im Kalendar verzeichneten sächsischen Adligen.

Es dürfte ein kleiner Kreis von hocharistokratischen Frauen gewesen sein, die sich hier zu einer geistlichen Gemeinschaft zusammengefunden hatten – in späterer Zeit, dem 13. Jahrhundert, spricht man von vierzig Kanonissen, andere Quellen nennen eine viel geringere Zahl –, und manche Frau dürfte sich dem Konvent ohne Schleier und Gelübde angeschlossen haben. Aber mit Almosengeben, dem Verrichten frommer Werke und dem Sprechen von Fürbittgebeten war das Dasein dieser Frauen nicht ausgefüllt; sie hatten häufig eine gute Erziehung genossen und nahmen am geistigen und kulturellen Leben der Zeit teil. Die adlige Kanonisse Hrotsvit im Stift Gandersheim ist mit ihrem hohen Bildungsstand keine Ausnahme. Widukind, Benediktiner des Klosters Corvey, widmete seine Sachsengeschichte Mathilde, der ersten Quedlinburger Äbtissin, und Quedlinburg selbst hatte ein Scriptorium, ein Schreibatelier, aus dem eine ganze Reihe vornehmlich liturgischer Handschriften hoher Qualität hervorgegangen ist. Im Stift Quedlinburg, bei einer Tante seines Vaters, hat der aus dem Grafengeschlecht der Walbecker stammende Geschichtsschreiber Thietmar von Merseburg (975-1018) seine erste Erziehung erhalten; hier hat er, dessen Chronik im Original auf uns gekommen ist, schreiben gelernt.

Auch in den nächsten Jahrzehnten bewahrte das Stift Quedlinburg seinen Rang und seine Exklusivität. 968 war Königin Mathilde etwa 73jährig gestorben; unter ihrer Nachfolgerin Mathilde, ihrer Enkelin, die als erste Äbtissin gezählt wird, wurde Quedlinburg noch stärker in das politische Geschehen im Reich einbezogen: Otto I. hielt hier 973 seinen letzten Reichstag ab; die Kaiserinnen Adelheid und Theophanu – Mutter und Schwägerin der regierenden Äbtissin – residierten von 973 bis 978 in Quedlinburg; Quedlinburg erhielt Münz-, Zoll- und Marktregal, Reichsversammlungen fanden statt, und als der junge Kaiser Otto III. achtzehnjährig 998-999 nach Rom zog, um dort Ruhe zu stiften und seine ausgreifenden imperialen Ideen zu verwirklichen, setzte er die Quedlinburger Äbtissin, seine Tante, als Reichsverweserin ein.

Diese jüngere Mathilde hatte mit einem neuen Kirchenbau begonnen, dem dritten nach der Kirche aus der Zeit Heinrichs I. und der von dessen Witwe errichteten Grabeskirche. 999 starb Mathilde, und Adelheid, Kaiser Ottos III. älteste Schwester, wurde ihre Nachfolgerin. Während ihrer langen Amtszeit (bis 1043) wurde der dritte Kirchenbau vollendet und vor allem die alte Grablege verändert. Eine neue Altaranlage empfahl sich schon deshalb, weil die Kirche wertvolle und auf einen würdigen Platz wartende Reliquien besaß, darunter die erwähnten Corpora zweier Märtyrerinnen. Die Quedlinburger Annalen melden zum Jahre 1021 im Zusammenhang mit der Weihe der Stiftskirche, bei der König Heinrich II. und seine Gemahlin Kunigunde zugegen waren, die Errichtung von fünf Altären zum Gedächtnis von mehr als hundert Heiligen. An bevorzugter Stelle wurde damals der Leichnam der Königin Mathilde gebettet, denn die bereits im Geruch der Heiligkeit gestorbene Königin hatte allmählich – in einer Zeit, als die Kanonisation als förmliches und dem Papst reserviertes Verfahren noch nicht ausgebildet war – das Ansehen einer hilfreichen Heiligen erworben; ihr Andenken hat sogar die radikalen Säuberungen des römischen Heiligenkalenders in der jüngsten Zeit überstanden: Mathildes Name steht noch heute unter dem 14. März.

Waren ursprünglich (968) Heinrich und Mathilde, vielleicht in Sarkophagen, nebeneinander beigesetzt gewesen, so erhielt bei einer neu eingerichteten Confessio Mathilde einen an Altar und Confessio angrenzenden Platz, während Heinrich in die zweite Reihe rückte. Zu den archäologischen Kostbarkeiten der Stiftskirche gehören der Steinsarkophag der Königin Mathilde und die beiden Bleisärge ihrer Nachfolgerinnen: der namensgleichen Mathilde (†999) und Adelheids I. (†1043), der letzten Vorsteherin aus ottonischem Hause. Alle Särge sind mit Inschriften versehen. Von der Grablege Heinrichs I. gibt es keine sichere Spur: vielleicht ruhen seine Gebeine in einem kleinen beiseite gestellten unbeschrifteten Bleisarg, vielleicht auch wurden sie einem anderen Sarkophag zugepackt.

Nach der ottonischen Glanzzeit übernahmen salische Damen die Leitung des Stiftes, zwei Töchter Kaiser Heinrichs III. nacheinander, aber bei aller noch respektierten Bedeutung Quedlinburgs löste sich die bis dahin selbstverständliche Klammer zum Herrscherhaus, zumal die Kämpfe im sächsischen Raum während des Investiturstreits – im endenden 11. und im beginnenden 12. Jahrhundert – besonders blutig waren und entfremdend wirkten: In der Kirchenprovinz Köln waren Volkmar von Minden (1080-1096) und Konrad von Utrecht (1076-1099) umgekommen, in Trier der erwählte Erzbischof Konrad. In Magdeburg sind die beiden aufeinanderfolgenden Erzbischöfe Werner (1063-1078) und Hartwig (1079-1102) ermordet worden; den energischen Diözesanbischof Burchard II. von Halberstadt (1059-1088) durchbohrte in Goslar der Pfeil eines Bürgers, und auch Burchards Nachfolger Thietmar I. starb (1089) keinen natürlichen Tod; man sprach von Selbstmord. In keinem Raum des deutschen Reiches waren so viele Bischöfe zu Tode gekommen wie in Magdeburg und Umgebung. In Süddeutschland ging es trotz allem publizistischen und politischen Kampf vergleichsweise ruhig zu; nur der Bischof Gebhard IV. von Regensburg (1089-1105) erlag einem Anschlag, aber es dürfte sich um einen privaten Racheakt gehandelt haben.

Quedlinburg mußte hinnehmen, daß es im Wechsel von der einen wie von der anderen Partei – von der päpstlichen wie von der kaiserlichen – aufgesucht wurde. Der Gegenkönig Rudolf von Rheinfelden feierte 1079 hier das Osterfest; 1085 trat im Beisein des päpstlichen Legaten Otto von Ostia, des späteren Papstes Urban II., eine Kirchenversammlung zusammen, an der auch der neue Gegenkönig Hermann von

Salm teilnahm, doch konnte im Gegenzug König Heinrich IV. 1088 einen Fürstentag in Quedlinburg abhalten. Die größte Einbuße jedoch, die das Stift erlitt, kam durch eine große Feuersbrunst im Jahre 1070, die viele Gebäude und auch die Stiftskirche vernichtete. Die sofort begonnene Wiedererrichtung zog sich bezeichnenderweise durch Jahrzehnte hin, und erst 1129 konnte dieser vierte Kirchenbau, der sich im großen und ganzen bis heute erhalten hat, unter Anwesenheit des deutschen Königs Lothar von Supplinburg geweiht werden. Den alten Glanz hat das Stift Quedlinburg, bei aller herausgekehrten Vornehmheit, nicht mehr erreicht. Die neuen das Reichsgeschehen bestimmenden Geschlechter, die Welfen und die Staufer, wandten ihre fördernde Aufmerksamkeit anderen Reichsteilen zu, und vom 13. Jahrhundert an traten wirtschaftliche Schwierigkeiten hinzu.

Den Reichtum des Domschatzes am Ende der Ottonenzeit, für dessen Betreuung das Stift frühzeitig offenbar eigens das Amt einer *cimiliarcha,* einer Schatzbewahrerin, einrichtete, bezeugt ein Verzeichnis, das sich in einem Evangeliar Ottos III. in einer Schrift des beginnenden 11. Jahrhunderts eingetragen findet: »8 emaillierte, 5 goldene und 6 silberne Kreuze, 12 mit Edelsteinen geschmückte Reliquienflaschen, ein teilweise vergoldetes Christusbild aus Silber, ein Elfenbeinmedaillon (?) in Gold gefaßt, drei silberne Gießgefäße (?), eine goldgefaßte Krebsschere, eine emaillierte Kapsel, drei elfenbeinerne Schreine mit Heiligenreliquien, 2 vergoldete Silbereimer, ein Silberbecher, eine vergoldete Silberplatte, ein vergoldeter Silberadler, 5 Kristalle (beziehungsweise Kristallbehälter), eine Goldschale, 53 Goldkapseln.«

Manche Kuriosität wurde aufbewahrt und verehrt, die vor den Augen heutiger Altarpuristen kaum bestehen könnte: ein Haar der Jungfrau Maria, gestiftet von Kaiser Otto III. (so steht es auf einem Bergkristallbehälter in Fischgestalt), ein Tropfen der Muttermilch Mariens, ein fast einen halben Meter hoher Alabasterkrug, der auf der Hochzeit von Kanaan Verwendung gefunden habe, und andere Absonderlichkeiten mehr.

Alle diese hochgeschätzten Reliquien waren anscheinend schon im 11. Jahrhundert Stiftsbesitz; in den folgenden Jahrhunderten ließ offenkundig die Spendefreudigkeit nach, und schon daran läßt sich ablesen, daß Quedlinburg seine größte Zeit hinter sich hatte. Zu den Absonderlichkeiten ließen sich auch die corpora der Heiligen Stephana und Laurentia zählen, die wahrscheinlich aus den Katakomben geborgen und im damaligen Verständnis als Märtyrer angesehen wurden. Einen Namen für die anonymen Gerippe zu erfinden, war eine Kleinigkeit, ähnlich wie im 12. Jahrhundert Köln einen emsigen Export von Reliquien der angeblich in Köln von den Hunnen niedergemetzelten 11 000 Jungfrauen betrieb, als man auf einen Friedhof aus heidnisch-römischer Zeit stieß. Otto dem Großen werden die bereits mit Namen versehenen corpora angeboten worden sein. Die Quedlinburger Stephana und Laurentia stehen nicht in den gängigen Heiligenkalendern, und offenbar existieren auch keine Legenden und Translationsberichte über sie, wie bei den Heiligen Digna und Emerita, von denen Sigebert von Gembloux in seiner Vita des Bischofs Dietrich von Metz (965-984) berichtet. Sie waren zusammen mit anderen corpora in der Vorhalle der Kirche des heiligen Marcellus in Rom gefunden worden und nahmen als frisch kreierte Märtyrerinnen während der Romreise Ottos I. von 972 ihren Weg nach Deutschland.

Untergebracht war und ist der Domschatz auch noch heute zu Restteilen im sogenannten Zitter, einem ummauerten Raum, sprachlich wahrscheinlich abzuleiten von sanctuarium oder secretarium, nach dem Grimmschen Wörterbuch eines jener seltenen Wörter, die in allen Geschlechtern vorkommen. Zitter sei überdies ein Ausdruck, der, im Mittelniederdeutschen seit dem 14. Jahrhundert belegt, »nur im nördlichen

Harzvorland« begegnet, also reines Harzidiom darstellt. In Quedlinburger Kirchenbesitz befanden sich auch wertvolle Stücke, die älter sind als das Stift selbst und die in der Glanzzeit der ersten Jahrzehnte in das Stift gekommen sein dürften: zum Beispiel ein im französischen Nonnenkloster Chelles um 800 geschriebener Codex von Hieronymusbriefen; vor allem eine um 420 angelegte, mit herrlichen Illustrationen versehene Itala-Handschrift, die 1618 bis 1628 in der Quedlinburger Buchbinderwerkstätte des treuherzigen Asmus Reitel zu Deckelversteifungen verarbeitet worden ist und von der gerade noch sechs Blätter existieren; und unser ein Jahrhundert vor der Stiftsgründung entstandenes Samuhel-Evangeliar, das in der Literatur bis vor kurzem als »Kriegsverlust« geführt wurde.

Das Stift Quedlinburg durchlief seit dem Mittelalter nicht gerade dramatische Zeiten; man lebte bequem nach der für ihre Großzügigkeit bekannten Aachener Kanoniker-Regel von 816 und nahm weiter nur Adlige auf. 1514 war die dreizehnjährige Anna von Stolberg zur Äbtissin erhoben worden, Papst Leo X. und Kaiser Maximilian I. bestätigten ihre Wahl. Unter dem Einfluß städtischer Prediger neigte Anna bald dem neuen Glauben zu, und sie nutzte den Tod des unerschütterlich an der alten Kirche festhaltenden Georg des Bärtigen von Sachsen († 1539), der eine geradezu persönliche Feindschaft gegen Luther, den nach seiner Meinung »meineidigen Mönch«, hegte, um 1540 mit allen Stiftsdamen zum protestantischen Glauben überzutreten. Als evangelisches Damenstift und als reichsunmittelbare Fürstabtei – die Äbtissin galt als vornehmste unter den Reichsfürstinnen und hatte bei Reichstagen Sitz und Stimme auf der rheinischen Prälatenbank – bestand der Konvent bis zur Säkularisation, während die Stiftskirche zur protestantischen Pfarrkirche umgestaltet wurde.

In einer eigenen Welt bewegte sich das Stiftsleben der protestantischen hochadligen Damen, selten durch Aufregungen gestört, wie etwa durch den Entschluß eines Stiftsfräuleins, in den Stand der Ehe zu treten. August der Starke brachte seine in die Jahre gekommene Geliebte, die Gräfin Aurora von Königsmarck (1662-1728), 1698 hier unter, und über das Propstamt war ihr der Rang der Äbtissin in Aussicht gestellt. Dagegen wehrten sich zwei Gräfinnen von Schwarzburg – fünfundzwanzig Jahre länger im Stift –, so daß eine bis 1718 währende Vakanz eintrat. Was nicht einmal die tief einschneidende Reformation gebracht hatte, war durch Neid und Mißgunst eingetreten. 1756 wurde die preußische Prinzessin Anna Amalia (1756-1787), eine Schwester Friedrichs des Großen, als Äbtissin eingeführt, doch bezog sie, obwohl das Kapitelstatut das Verlassen des Konvents verbot, Residenz in Berlin, und ihre Nachfolgerin, die schwedische Prinzessin Sophia Albertina (1787-1802), die sechsunddreißigste und letzte Äbtissin, hielt es wenig anders. Als auch die Pröpstin ihren Sitz zu verlegen pflegte, lebten häufig nur noch zwei ›Kapitularinnen‹ im Stift. 1803, mit dem Inkrafttreten des Reichsdeputationshauptschlusses, wurde das säkularisierte Stift als ›Fürstentum‹ Quedlinburg dem preußischen Staate einverleibt.

Die Stiftskirche führte als Pfarrkirche ein eigenes Dasein; vom 18. Jahrhundert an versuchte man, durch Ausgrabungen Genaueres über ihre frühere Geschichte zu ermitteln; die Anstrengungen galten vor allem dem Grab Heinrichs I. Man grub 1756 den Boden der Krypta unter den als Grababdeckungen geltenden Platten auf, fand jedoch unter dem vermeintlichen Heinrichsgrab nur ein Bohlenstück und unter der zweiten Platte den inschriftlich bezeugten Sarkophag der Königin Mathilde, in dem allerdings über »einige(n) ganz dünne(n) und schwarze(n) Rippen« noch »zweierlei Gattung von Beinknochen« lagen. Bei der Öffnung des Sarkophags waren die Äbtissin Anna Amalia und Herzog Carl von Braunschweig anwesend. Man begnügte sich mit einer einfachen

Feststellung des Fundes und verzichtete auf eine Deutung. Erst als 1862 eine durchgreifende Erneuerung der Kirche nötig wurde, wurden neue Ansichten von der Krypta gewonnen: man ergrub 1869 eine vertiefte Confessio, die offenbar nach dem Tod der Königin Mathilde (968) angelegt worden war, und fand 1878 bei weiteren Grabungen – an der Stelle, wo man schon 1756 nach dem Heinrichsgrab geforscht hatte – einen zentral gelegenen tiefen Schacht, doch von den Gebeinen des Königs gab es auch diesmal keine Spur.

Von eigener Art waren die Versuche des Reichsführers-SS Heinrich Himmler, in der Quedlinburger Stiftskirche an der »Gruft König Heinrichs I.« eine Art Weihestätte einzurichten. Am 2. Juli 1936 legte Himmler in SS-Parade-Montur mit umgeschnalltem Degen an der – wie er selbst zugeben mußte – leeren Gruft Heinrichs I., des »Gründers des ersten deutschen Volksreiches«, zu dessen tausendjährigem Todestag einen Eichenlaubkranz nieder. Ein Ehrenposten der Waffen-SS mit Gewehr und aufgepflanztem Bajonett hielt Wache. Ein Jahr später, im Jahre 1937, wurde in der nationalsozialistischen Parteipresse die Nachricht verbreitet, man habe die Gebeine Heinrichs I. gefunden, dessen Schädel »ein Stirnband mit Schmuckbesatz« getragen habe, was als »Unterteil der Hasenfellkappe« zu deuten sei.

In der Nacht zum 2. Juli 1937 wurden in Anwesenheit eines kleinen, ausgewählten Personenkreises, hauptsächlich von SS-Größen im Gefolge Himmlers, »die in wissenschaftlicher Forschung nachgewiesenen Gebeine Heinrichs I.« in der Quedlinburger Gruft »wiederbeigesetzt. ... Unter ergriffenem Schweigen der Anwesenden [war] in feierlicher Form die Einsargung vorgenommen und der Sarkophag geschlossen und versiegelt [worden]. Als Zeugen dieser geschichtlichen Stunde unterzeichneten alle Anwesenden die Wiederbeisetzungsurkunde«.

Aber eine seriöse Analyse der Quellen und der Grabungsnachrichten, an der sich auch der Mitarbeiter der Monumenta Germaniae Historica Carl Erdmann (1898-1945) mit dem berühmt gewordenen und mehrfach nachgedruckten Aufsatz »Das Grab Heinrichs I.« beteiligte, wies nach, daß es sich um nicht näher bestimmbare Gebeine, vielleicht die eines Heiligen, handle. Auf jeden Fall müssen die Überreste Heinrichs I., im Gegensatz zu denen der Königin Mathilde, als verschollen gelten. Der SS-Posten wurde stillschweigend abgezogen. Vielleicht sind die Gebeine Heinrichs I. im 18. Jahrhundert, wie die jüngere Forschung nach Erdmann anzunehmen bereit ist, in einem Bleischrein geborgen worden, zusammen mit anderen Skelettüberresten. Immerhin konnten die Grabungen ohne ideologische Zwänge bis 1942 fortgeführt und nach dem Kriege ausgewertet und veröffentlicht werden. Die Stiftskirche selbst, die unter Artilleriebeschuß gelitten hatte, ist sofort nach Kriegsschluß instand gesetzt worden, das zerstörte Turmpaar wurde wieder aufgebaut.

Der, die oder das Zitter wartet jetzt auf die fehlenden Teile des Domschatzes.

Hinweise auf Quellen und Literatur

Entsprechend dem Thema konzentriert sich die bibliographische Auswahl auf die Gründung und die Frühzeit Quedlinburgs. Die stoffdichteste Einführung ist immer noch *R. Holtzmann,* Geschichte der sächsischen Kaiserzeit, 3. Aufl. (1955, spätere Ausgaben sind bloße Nachdrucke); an neuer Übersichtsliteratur seien genannt *G. Althoff – H. Keller,* Heinrich I. und Otto der Große (1985) und *H. Beumann,* Die Ottonen (1987). – Das gedankliche und soziale Umfeld der Quedlinburger Stiftsgründung hat *K. Leyser,* Rule and Conflict in an Early Medieval Society. Ottonian Saxony (1979; deutsch unter dem Titel: Herrschaft und Konflikt. König und Adel im ottonischen Sachsen, 1984) äußerst erhellend analysiert.

Zur Frühzeit vgl. *W. Grosse,* Die Gründung und Glanzzeit des Stiftes Quedlinburg unter den Liudolfingern, in: Zeitschrift des Harzvereins 48 (1915); *J. Heineken,* Die Anfänge der sächsischen Frauenklöster (1909); *A. Höbbel,* Die verfassungsgeschichtliche Entwicklung der Reichsabtei und der Stadt Quedlinburg bis zum 14. Jahrhundert (1912); *H.-E. Weihrauch,* Die Güterpolitik des Stiftes Quedlinburg im Mittelalter, und: Der Grundbesitz des Stiftes Quedlinburg im Mittelalter, in: Sachsen und Anhalt 13 und 14 (1937 und 1938); *R. Schölkopf,* Die Sächsischen Grafen (919-1024) (1957). Unterhaltsam und informativ in seinen barocken Einzelheiten ist *J. H. Fritsch,* Geschichte des vormaligen Reichsstifts und der Stadt Quedlinburg, 2 Teile (1828); eine Zusammenstellung der hagiographischen Nachrichten versuchte der Quedlinburger Archivar *G. A. von Mülverstedt,* Hagiographia Quedlinburgensis, in: Zeitschrift des Harzvereins für Geschichte und Altertumskunde 2 (1869).

Grundlegend für Fragen der Gründung und des Baugeschehens auf dem Schloßberg bleibt *C. Erdmann,* Beiträge zur Geschichte Heinrichs I., in: Sachsen und Anhalt 16 (1940) und 17 (1941/42), darunter besonders die Abschnitte II (Die Quedlinburger Heinrichslegende), und IV (Berg und Kirche zu Quedlinburg: Die ältere Burgkirche, die Bauten Heinrichs und der Mathilde, Heiligenkult und Königsgrab). Diese und andere Beiträge Erdmanns sind nachgedruckt in einem Sammelband: *C. Erdmann,* Ottonische Studien, hg. und eingeleitet von H. Beumann (1968).

Über die verschiedenen schriftlichen Quellen zur Gründung und Frühzeit Quedlinburgs (Widukind von Corvey, Hrotsvit von Gandersheim, die beiden Viten der Königin Mathilde, die Miracula Sancti Wigberti mit ihrer Relatio Geltmari, die Quedlinburger Annalen, Thietmar von Merseburg, u.a.m.) vgl. *W. Wattenbach – R. Holtzmann,* Deutschlands Geschichtsquellen im Mittelalter. Die Zeit der Sachsen und Salier. 1. Teil: Das Zeitalter des Ottonischen Staates. Neuausgabe, besorgt von F.-J. Schmale (1967); dazu 3. Teil (1971), der Nachträge enthält. Die Kaiser- und Königsurkunden sind bei den Monumenta Germaniae Historica kritisch ediert: Die Urkunden Konrad I., Heinrich I. und Otto I. (1879-1884), Die Urkunden Otto des II. und Otto des III. (1888-1893), ergänzende Urkunden stehen bei *K. Janicke,* Urkundenbuch der Stadt Quedlinburg, 2. Abt. (1873-82). Die Urkunde Ottos I. vom 13. 9. 936, von der man annahm, sie sei verfertigt »nach einem Concepte, für welches die Stiftungsurkunde der Königin Mathilde benutzt sein« dürfte, ist von *H. von Sybel* und *Th. von Sickel,* Kaiserurkunden in Abbildungen, Lieferung I, Tafel 25 (1880) in Originalgröße wiedergegeben. Mit ihrer Interpretation bezüglich des ottonischen Königtums befaßte sich *K. Schmid,* Die Thronfolge Ottos des Großen, in: Zeitschrift der Savigny-Stiftung für Rechtsgeschichte. Germanistische Abteilung 81 (1964), nachgedruckt in: Königswahl und Thronfolge in ottonisch-frühdeutscher Zeit, hg. von E. Hlawitschka (Wege der Forschung 178, 1971). Zu Quedlinburg als »Itinerarort« vgl. *E. Müller-Mertens,* Die Reichsstruktur im Spiegel der Herrschaftspraxis Ottos des Großen (1980). Zum Patrozinium des heiligen Servatius vgl. *M. Zender,* Räume und Schichten mittelalterlicher Heiligenverehrung in ihrer Bedeutung für die Volkskunde. Die Heiligen des mittleren Maaslandes und der Rheinlande in Kultgeschichte und Kultverbreitung, 2. Aufl. (1973); zu Servatius, seinem Kult und seiner Ikonographie vgl. auch Bibliotheca Sanctorum 11 (1968). Die verschiedenen Stiftungen deutscher Könige, hauptsächlich Ottos I. und Ottos III., behandeln *P. E. Schramm – F. Mütherich,* Denkmale der deutschen Könige und Kaiser, 2. Aufl. (1981). Aussagestark sind verschiedene Grabinschriften, so die auf dem Sarkophag der Königin Mathilde († 968) und vor allem auf dem Bleisarg der ersten Äbtissin Mathilde († 999); sie wird abbatissa metropolitana genannt, obwohl Quedlinburg nicht Sitz eines Bischofs, geschweige eines Metropoliten war, vgl. *E. E. Stengel,* Die Grabschrift der ersten Äbtissin von Quedlinburg, in: Deutsches Archiv für Geschichte des Mittelalters 3 (1939). Das Schatzverzeichnis aus dem beginnenden 11. Jahrhundert ist abgedruckt in: Mittelalterliche Schatzverzeichnisse. 1. Teil: Von der Zeit Karls des Großen bis zur Mitte des 13. Jahrhunderts (1967); förderlich, wenn auch recht ungenau in der inhaltlichen Auswertung ist *H. Lorenz,* Die Schicksale des Quedlinburger Domschatzes, in: Sachsen und Anhalt 6 (1930); eine hilfreiche Inventarerfassung und -erklärung (z. T. mit Abb.) gab *A. Brinkmann,* Beschreibende Darstellung der älteren Bau- und Kunstdenkmäler der Provinz Sachsen. 33. Heft: Kreis-Stadt Quedlinburg (1923).

Die in der Ottonenzeit betriebene Ausstattung deutscher Kirchen mit italienischen Reliquien scheint ein Zug der Zeit gewesen zu sein, worauf *E. Dupré Theseider,* La »grande rapina dei corpi santi« dall'Italia al tempo di Ottone I, in: Festschrift Percy Ernst Schramm zu seinem siebzigsten Geburtstag von Schülern und Freunden zugeeignet, Bd. 1 (1964) am Beispiel des in Italien Reliquien sammelnden Bischofs Dietrich von Metz hinweist, der ein Vetter Ottos I. war. Der Bericht über Dietrichs Reliquienkampagne ist inkorporiert von Sigebert von Gembloux, Vita Deoderici I., c. 16 (Monumenta Germaniae Historica, Scriptores 4 [1841]).

Über die Handschriften, die heute zum größten Teil in der Universitätsbibliothek Halle liegen, vgl. den präzisen Katalog von *J. Fliege,* Die Handschriften der ehemaligen Stifts- und Gymnasialbibliothek Quedlinburg in Halle (1982). Über die Quedlinburger Itala-Fragmente – auf die ersten war der Quedlinburger Archivar von Mülverstedt 1865 gestoßen – gibt es eine eigene Literatur; ausführlich sind *H. Degering* und *A. Boeckler,* Die Quedlinburger Italafragmente 1 (Textband) (1932); zuletzt mit viel (auch archäologischem) Vergleichsmaterial *I. Levin,* The Quedlinburg Itala. The Oldest Illustrated Biblical Manuscript (1985); der Deutung von Levin ist im Text gefolgt. Zum Samuhel-Evangeliar s. die Beiträge dieses Bandes.

Zur archäologischen Situation auf dem Quedlinburger Schloßberg vgl. *H. Giesau,* Die Grabungen auf dem Schloßberg in Quedlinburg. Die geschichtliche Zeit, in: Deutsche Kunst und Denkmalpflege 1939/40 sowie ebendort *K. Schirwitz,* Die Grabungen auf dem Schloßberg in Quedlinburg. Vor- und frühgeschichtliche Zeit. Eine abschließende, im Historischen etwas unsichere Übersicht gab der örtliche Grabungsleiter *H. Wäscher,* Der Burgberg in Quedlinburg. Geschichte seiner Bauten bis zum ausgehenden 12. Jahrhundert nach den Ergebnissen der Grabungen von 1938 bis 1942 (1959).

Die Härte der Kämpfe während des Investiturstreits im sächsischen Raum stellt in größerem Zusammenhang *K. Leyser,* The Crisis of Medieval Germany, in: Proceedings of the British Academy 69 (1983) dar, der zeigen kann, daß es nicht zuletzt um eine Neuordnung der Besitzverhältnisse ging. Einzelheiten bringt *L. Fenske,* Adelsopposition und kirchliche Reformbewegung im östlichen Sachsen (1977). Das Quedlinburger Stift ist damals von der Augustinerchorherren-Reform nicht erfaßt worden und geriet in eine gewisse Isolierung, vgl. *K. O. Bogumil,* Das Bistum Halberstadt im 12. Jahrhundert (1972).

Zu Himmlers Vorstellung einer völkischen Weihestätte in Quedlinburg vgl. *J. Ackermann,* Heinrich Himmler als Ideologe (1970). Heinrich I. war für Himmler keineswegs ein beliebiges historisches Vorbild. Der Reichsführer-SS und Chef der deutschen Polizei, der innerhalb der SS den Spitznamen »König Heinrich« trug, glaubte an Karma und Wiedergeburt und »besonders liebte [er] die Bhagavad-Gita«, die »er ... immer mit sich führte«. Nach dem Bericht seines Leibarztes Felix Kersten (Totenkopf und Treue. Heinrich Himmler ohne Uniform [o. J., ca. 1954]) hielt sich Himmler für eine Reinkarnation Heinrichs des Löwen, und mit Heinrich I. mag es ähnlich gewesen sein. Es heißt, als er »im Dom zu Quedlinburg vor der Gruft König Heinrichs I. stand, soll er sich gelobt haben, die Ostmission, die dieser begonnen und Heinrich der Löwe weitergeführt hatte, zu vollenden ... Heinrich I. war ihm einer seiner stillen Ratgeber, er glaubte seine Sprache zu verstehen, wenn er sich in ihn vertiefte.« Für Offiziersanwärter an den Junkerschulen wurde deshalb Heinrich I. Pflichtthema für historische Aufsätze – neben Friedrich dem Großen und Dschingis-Khan. Die Auswertung der Grabungen hatte Himmler der »Lehr- und Forschungsgemeinschaft ›Das Ahnenerbe‹« übertragen; im Gefolge erschien eine eigene, nicht in allen Punkten wertlose Literatur, z. B. *A. Thoss,* Heinrich I. (919–936). Der Gründer des Ersten Deutschen Reiches (1936). Die Zeitschrift des »Ahnenerbes« »Germanien. Monatshefte für Germanenkunde zur Erkenntnis deutschen Wesens« feierte den tausendsten Todestag Heinrichs I. mit einer Sondernummer Juli 1936 (Heft 7), im August 1937 (Heft 8) berichtete sie über die »Geschichtliche Weihestunde in Quedlinburg« in der Nacht vom 1. zum 2. Juli 1937 und »die feierliche Wiederbeisetzung der Gebeine des ersten deutschen Königs«.

C. Erdmanns überzeugender Aufsatz über die Fehldeutung erschien unter dem Titel: Das Grab Heinrichs I., in: Deutsches Archiv für Geschichte des Mittelalters 4 (1941), nachgedruckt in dessen Ottonischen Studien (s. oben S. 21). Zu den Darlegungen Erdmanns, der dem Nationalsozialismus in offener Ablehnung gegenüberstand, vgl. *F. Baethgen,* Carl Erdmann. Ein Gedenkwort, in: C. Erdmann, Forschungen zur politischen Ideenwelt des Frühmittelalters, aus dem Nachlaß hg. von F. Baethgen (1951), wieder abgedruckt in: F. Baethgen, Mediaevalia. Aufsätze, Nachrufe, Besprechungen (Schriften der Monumenta Germaniae Historica 17, 2, 1960), bes. S. 517.

FLORENTINE MÜTHERICH

Der Schmuck des Quedlinburger Evangeliars

»Schön mit goldenen Buchstaben auf Pergament geschrieben«, so verzeichnet das Quedlinburger Inventar von 1812[1] eines der Evangeliare, die seit altersher zu den kostbaren Schätzen des ehrwürdigen Domstifts gehört hatten (Kat.Nr. 1–2). Mit Recht ist die goldene Schrift als kennzeichnendes Merkmal des Buches angeführt worden, erweist sie es doch als ein Werk von hohem Rang. In Gold geschriebene Codices des 9. Jahrhunderts sind den Hofschulen der Könige und Kaiser zuzuschreiben oder sie verdanken ihre Entstehung den Aufträgen der großen geistlichen Mäzene auf Bischofsthronen und Abtsstühlen[2]. In diesem Bereich ist denn wohl auch die Herkunft des Quedlinburger Evangeliars zu suchen, und in ihm dürfte sich auch seine früheste Geschichte abgespielt haben, die mit der Übergabe an das Quedlinburger Stift endete. Wenn auch der Eintrag, der 1812 das Evangeliar »der Tradition nach ein Messbuch Kaiser Heinrichs I.« nennt, der Grundlage entbehrt[3], so darf doch angenommen werden, daß es ein Mitglied des sächsischen Herrscherhauses war, das den Codex dem 936 von Otto I. und seiner Mutter, der Königin Mathilde, gegründeten Stift übergab. Eine karolingische Handschrift in den Händen der Ottonen ist nichts Ungewöhnliches, gerade in der Frühzeit, als die eigene Handschriftenproduktion sich nach den Stürmen langer Kriegsjahre erst langsam wieder zu entwickeln begann. Aus einem anderen bedeutenden ottonischen Kloster, aus Gandersheim, stammt das heute auf der Veste Coburg aufbewahrte Metzer Evangeliar des 9. Jahrhunderts[4], das als Geschenk des englischen Königs Aethelstan (924-939) wohl an Otto I. gekommen war, während umgekehrt das spätkarolingische Evangeliar aus Lobbes[5], das Aethelstan nach Christ Church in Canterbury gab, die Namen Ottos I. und seiner Mutter Mathilde trägt und so offenbar ein Geschenk Ottos an den englischen König darstellt, den Bruder seiner ersten Gemahlin Edith († 946). Aus Quedlinburg selbst ist uns der Codex der Hieronymus-Briefe überliefert, eine Handschrift aus dem Skriptorium der Nonnen von Chelles[6], in die der bekannte Name Hathuui eingetragen ist – vielleicht eine Angehörige des sächsischen Herzoghauses. Auch der berühmte Martinellus aus Tours, der zum alten Bestande der Quedlinburger Bibliothek gehört, wird aus diesem Zusammenhang stammen[7]. Wie diese Handschriften, so mag auch das Quedlinburger Evangeliar als kostbare Gabe eines weltlichen oder geistlichen Fürsten, einer Kirche oder eines Klosters in den Besitz des Herrscherhauses gelangt sein. Das hohe Ansehen, in dem die Handschrift in Quedlinburg stand, dokumentiert sich in der aufwendigen Neufassung, die ihrem Einband um 1225/30 zuteil wurde (s. unten S. 43 ff.). Das Bildprogramm der Mittelplatte (Kat.Nr. 1) mit den Gestalten der beiden großen Patrone Servatius und Dionysius zu Füßen Marias macht sie zu einem Dokument, das die Tradition Quedlinburgs repräsentiert.

Woher das Evangeliar stammt, wo es sich befand, ehe es nach Quedlinburg kam, bleibt unbekannt. Die Handschrift selbst bietet keinen Hinweis auf ihre ursprüngliche Bestimmung, ihren Auftraggeber oder Besitzer. Nur der Name des Schreibers erscheint am Ende des Textes: »In nomine Dei ego Samuhel indignus vocatus presbyter scripsi istum evangelium« (s. Tafel 16), aber der Vermerk bietet keinen Anhalt dafür, wer der Presbyter Samuhel war, der sich hier nennt (s. unten S. 31). Erst Wilhelm Koehlers[8] 1923 gegebener Hinweis auf das ebenfalls von einem Samuhel geschriebene Evangeliar aus Münsterbilsen in Brüssel (Kat.Nr. 3) hat die Forschung weitergeführt, zumal Koehler sich auf Verwandtschaften zwischen den beiden Handschriften berufen konnte, wobei der Brüsseler Eintrag durch sein »Ego Samuhel indignus diaconus scripsi istu(d) evangelium«[9] (s. Tafel 17) zeigt, daß Samuhel zu dieser Zeit jünger war als bei der Niederschrift des Quedlinburger Evangeliars, wo er als Presbyter signiert. Die Identität der Schreiber von Quedlinburg und Münsterbilsen ist in der Folgezeit nicht mehr bezweifelt worden und wird jetzt erneut von Bernhard Bischoff bestätigt (s. unten S. 31 f.). Der Name Samuhel ist nicht allzu häufig, aber er ist auch nicht ungewöhnlich, wie das Reichenauer Verbrüderungsbuch zeigt[10].

Es ist nicht möglich gewesen, den Quedlinburger Samuhel mit einem der bekannten Träger des Namens zu identifizieren, unter denen der Abt Samuhel von Lorsch (837-856), der früher einmal in Zusammenhang mit dem Quedlinburger Evangeliar genannt wurde[11], der prominenteste ist.

Zwar ist auch die Herkunft des Evangeliars von Münsterbilsen nicht bekannt[12], aber von hier aus führt, wie Wilhelm Koehler[13] bereits vermerkte, eine Verbindung zu dem in Gold und Silber geschriebenen Purpur-Evangeliar der Bayerischen Staatsbibliothek, das in zwei Monogrammen den Namen seines Besitzers angibt (Kat.Nr. 3). Koehlers Auflösung des Monogramms als Haito Episcopus und dessen Identifizierung mit dem gleichnamigen Abt der Reichenau und Bischof von Konstanz (806-823) ist von Bernhard Bischoff[14] durch den Namen des Augsburger Bischofs Hanto (807-816) ersetzt worden (s. unten S. 33). Damit ergab sich statt der südwestdeutschen eine süddeutsche Heimat für den Münchner Codex und im Anschluß an ihn auch für die beiden anderen Handschriften der kleinen Gruppe. Das Bindeglied bildet das Evangeliar in Brüssel, das in seiner Ausstattung mit dem Münchner Codex verwandt ist und durch den gemeinsamen Schreibernamen eine Brücke zu dem Quedlinburger Evangeliar bildet. Andere Vorschläge für die Lokalisierung der Samuhel-Codices in Quedlinburg und Brüssel, wie der Verweis auf Lorsch, den Goldschmidt vertrat[15], wurden in jüngerer Zeit nicht mehr in Betracht gezogen, noch weniger die Annahme der älteren Forschung, daß es sich bei dem Quedlinburger Evangeliar um »die älteste sächsische Handschrift«[16] handele.

Heute kann das so lange verschollene und nun zurückgekehrte Quedlinburger Evangeliar, das zumeist nur im Gefolge der beiden Codices in Brüssel und München diskutiert wurde, selbst befragt werden. Sein Text, seine Schrift und sein Schmuck können die Stellung verdeutlichen, die das Evangeliar in der Geschichte des karolingischen Evangelientextes (s. S. 35 ff.), in der karolingischen Schriftgeschichte (s. S. 29 ff.) und schließlich in der karolingischen Buchmalerei einnimmt.

Die drei Schmuckelemente in der Ausstattung des Evangeliars sind Kanontafeln, Ornamentik und Bilder (s. Kat.Nr. 2). Jede einzelne dieser drei Gruppen zeichnet sich durch besondere Eigenarten aus.

Die Kanontafeln (s. Tafel 2-5) erweisen sich ihrer Zahl und Anlage nach als Beispiele der sogenannten ›Größeren lateinischen Kanonfolge‹[17], die die 10 Eusebianischen Canones auf 16 Seiten verteilt. Die Form der die Zahlenkolumnen rahmenden Arkade entspricht ebenfalls einem alten und wohlbekannten, aus der Spätantike übernommenen System, dem ›Bogentypus‹[18], der eine um die Zifferspalten angebrachte Bogenreihe durch einen großen Umfassungsbogen überspannt. Nicht nur in der Anzahl sondern auch im einzelnen geht die Anordnung der Canones des Quedlinburger Evangeliars auf das am Hofe Karls des Großen am Ende des 8. Jahrhunderts entstandene Wiener Krönungs-Evangeliar[19] zurück, wo sich die eigentümliche Verteilung des zweiteiligen Canon V (Matthäus–Lukas) auf zwei dreispaltigen Seiten vorgebildet findet. Mit dem Wiener Evangeliar stimmt auch die Verwendung des Bogentypus überein, wenngleich statt der abwechslungsreichen Folge von Bogen und Dreiecksgiebeln, wie sie dort erscheint, in der Quedlinburger Handschrift eine gleichmäßig angelegte Reihung geboten wird. Völlig verschieden sind jedoch die Einzelformen der beiden Canones-Reihen. Statt der klassisch-illusionistischen Architekturglieder des Wiener Evangeliars erscheinen hier flächige Formen, sowohl in den an beiden Seiten durch Rahmenstreifen abgesetzten Säulen wie in den ornamentalen oder schematischen Gebilden der Basen und vor allem der Kapitelle, die den bewegten Umriß korinthischer Kapitelle in abstrakte Spiralen- oder Palmettenmotive verwandelt haben. Die Besatzornamentik der Bögen wiederholt mit ihren kleinteiligen Füllmotiven – Ranken, Palmetten und geometrischen Mustern – auch sonst bekannte karolingische Formen, die aus dem reichen Repertoire der spätantiken Ornamentik abgeleitet sind. Zwar kommt die inhaltliche Anlage der Quedlinburger Kanontafeln – ebenfalls in der Nachfolge des Wiener Evangeliars – auch an anderer Stelle vor, so um die Mitte des Jahrhunderts in der Aachener Hofschule Kaiser Lothars (840-855)[20], aber ohne jede formale Parallele in der Ausstattung. Es sind ältere Vorbilder, die in Quedlinburg weiterleben.

Auch die vier Zierseiten (s. Tafel 7, 9, 11 u. 13), die in der Quedlinburger Handschrift die einzelnen Evangelien einleiten, sind von charakteristischer Eigenart. Im Gegensatz zu den meist üblichen Initial-Seiten mit einem großen Anfangsbuchstaben, dem in Maiuskeln die ersten Worte des Evangeliums folgen, erscheinen hier normale, zweispaltig angelegte, in Uncialis geschriebene Textseiten, in deren oberer linker Ecke jeweils der Initial angebracht ist. Doch heben ornamentierte Rahmen die Seiten aus der Folge der Blätter und schließen sie damit – als Einleitung der einzelnen Evangelien – der vorangehenden Bildseite an, die entsprechend gerahmt ist. In Felder mit feinen, kleinteiligen Füllmotiven aufgeteilt, zeigen die schmalen Rahmen als kennzeichnendes Element die Betonung der Ecken durch eine nach beiden Seiten gleichmäßig angelegte Musterung, ein Prinzip, das auch sonst anzutreffen ist, etwa in der Hofschule Karls des Großen. Dort, in der Hofschule, findet man auch eine Parallele für die Anlage der gesamten Seite: gerahmt, zweispaltig, in Uncialis geschrieben, mit dem Initial in der oberen linken Ecke erscheint im älteren Teil der Trierer Ada-Handschrift aus dem letzten Jahrzehnt des 8. Jahrhunderts die Anfangsseite des Matthäus-Evangeliums[21].

Die Initialen selbst folgen allgemein karolingischen Formen. Nur im Inneren des Q breitet sich ein größeres Füllgeflecht aus, das durch scharf geknickte Ecken bestimmt wird. Charakteristisch sind die Punkte, mit denen die Ränder der Stämme besetzt sind, wohl Reminiszenzen an die Punktreihen insularen Ursprungs, die in vielen karolingischen Schulen als ornamentaler Schmuck übernommen wurden. Wie schon Koehler vermerkt, weisen die Initialen gewisse Ähnlichkeiten mit denen des Evangeliars von Münsterbilsen auf (Kat.Nr. 2, Tafel 21), die aber angesichts des stark allgemeinen Charakters wenig aussagen. Die Quedlinburger Initialen wirken feinteiliger, zurückhaltender, sind auch qualitätvoller; doch repräsentieren sie denselben Typus karolingischer Initialornamentik, und im Hinblick auf den beiden Handschriften gemeinsamen Schreibernamen und unter Berücksichtigung des durch die Inschriften dokumentierten zeitlichen Abstandes der Codices können sie den Zusammenhang der beiden Handschriften belegen. Daß aber deren Anlage durchaus nicht einheitlich ist, wird klar, wenn man auch die Kanontafeln heranzieht. Die Folge des Münsterbilsener Evangeliars (s. Tafel 18-20) stimmt weder in der Anzahl noch in der Form mit denen von Quedlinburg überein. Es handelt sich dort um eine Folge von 11 Kanontafeln, offenbar eine Reduktion des 16teiligen Systems, wie es in Quedlinburg verwendet ist. Es ist dies nicht das einzige Beispiel für einen Versuch dieser Art; so weist bereits die Hofschule Karls des Großen im Harley-Evangeliar[22] eine 11seitige Reihe auf. Auch formal weichen die Brüsseler Canones von denen des Quedlinburger Evangeliars ab. Statt des Bogentypus finden sich aneinandergereihte einzelne Bögen und Giebel ohne ein übergreifendes Element[23]. Verschieden sind auch die Einzel-Formen der Dekoration der Architekturglieder, die bei der Brüsseler Folge den Zusammenhang mit der des Münchener Evangeliars erweisen. Hier steht Quedlinburg eindeutig gegen die beiden anderen Handschriften Brüssel und München.

Im Hinblick auf die Sonderzahl der Kanontafeln des Brüsseler Evangeliars ist das gesamte textliche Verhältnis der drei Handschriften zueinander voll Interesse. Wie die Ergebnisse der Untersuchung des Evangelientextes selbst ergeben (s. unten S. 40) stehen alle drei Handschriften in die Nachfolge des Wiener Evangeliars. Aber es sind verschiedene Stadien seiner Weiterentwicklung, aus denen sie abzuleiten sind. Die Münchener Purpurhandschrift und der Brüsseler Codex folgen einer anderen, wohl älteren Redaktion als das Quedlinburger Evangeliar, das den Text der Hofschule Kaiser Lothars bietet (s. unten S. 35, 40). Andererseits aber stimmen bei der Gesamtanlage Clm 23631 und die Quedlinburger Handschrift mit dem Wiener Evangeliar überein, während der Brüsseler Codex eine Reihe von Eigenheiten und Abweichungen zeigt. Von der Zahl der Brüsseler Kanontafeln war schon die Rede; ferner finden sich, wie in den jüngeren Hof-Handschriften und der Lothargruppe – allerdings in anderer Reihenfolge – nur zwei der vier Vorreden[24]. Weiterhin teilt der Brüsseler Codex auch das ungewöhnliche Kapitelverzeichnis X zu Markus mit der Lothargruppe[25]. Mit dem antimarcionitischen Prolog[26] zu Lukas steht er in diesem Zusammenhang allein, wobei hier eine bayerische Komponente sichtbar werden könnte. Ebenso erscheint ein Capitulare Evangeliorum vom gleichen Typus in diesem Kreis sonst nicht. So weicht die Brüsseler Handschrift, die eigentlich das Bindeglied zwischen den drei Handschriften darstellt, vom Text her von den beiden anderen ab. Man könnte in ihr den Reflex einer bestimmten Phase der Entwicklung sehen, in der alle drei Handschriften stehen, jener Umwandlungen, denen das karolingische Evangelienbuch in der Nachfolge des Wiener Evangeliars unterzogen wurde.

Den bedeutendsten Teil der Ausstattung des Quedlinburger Evangeliars machen die Bilder der Evangelisten aus (s. Tafel 6, 8, 10 u. 12), die neben den Zierseiten die Anfänge der einzelnen Evangelien auszeichnen. Wenn auch der einzigartige Glanz, der die Bilder überzieht, mit den Auswirkungen späterer Eingriffe in Verbindung zu bringen ist (s. Kat.Nr. 2), so erscheinen doch in den eindrucksvollen Evangelistenbildern vier hervorragende Darstellungen der Autoren der heiligen Texte. Auf den farbigen Bildfeldern zeigen sich die vier Schreiber mit ihren Symbolen, lebendige Gestalten, die vor dem leeren Bildgrund um so stärker wirken, als keinerlei landschaftliches und architektonisches Beiwerk von ihnen ablenkt. Die Altersstufen, die sie verkörpern, sind deutlich ausgeprägt. Lukas ist jugendlich dargestellt, Matthäus und Markus als Männer und Johannes als Greis. Verschieden sind auch die Tätigkeiten, bei denen sie gezeigt werden, Phasen ihrer Beschäftigung mit der Niederschrift der heiligen Texte: Matthäus schreibt, Markus hält im Schreiben inne, Lukas bereitet sich auf das Schreiben vor, indem er die Feder eintaucht, Johannes schließlich denkt nach. Die Bilder folgen damit alten Formeln, die die Kunst für die Darstellung des Evangelistenbildes entwickelt hatte.[27] Nur bei Johannes, der seinen Blick nach oben richtet, kann man von einer Beziehung zu seinem Symbol sprechen. Bei der Angabe des Mobiliars, der Thronsitze und Pulte, zeigt nur das Johannes-Bild die übliche Form von Schemel und Pultständer, bei den drei anderen ist der Schemel gleichzeitig der Fuß des Pultes. Auf der Lukas-Seite ist der Schreibständer so eng an die Figur gerückt, daß man an ein Schreibbrett erinnert wird. Eigentümlich ist auch die Anbringung des Bücherkastens im Thronsitz, wie sie das Matthäus-Bild zeigt. Alle diese Einzelheiten tragen dazu bei, die Gestalten eng in sich zu konzentrieren und so ihre Wirkung zu steigern.

Von starker Eindringlichkeit ist die Wirkung der Symbole, die über den Evangelisten erscheinen. Auch sie folgen allgemeinen Typen und Regeln – drei als Halbfiguren und nur der Adler in ganzer Gestalt[28] –, aber eigentümlich ist die Art, wie sie unmittelbar hinter dem Rahmen hervorkommen. Das Quedlinburger Evangeliar bietet eines der frühesten Beispiele für diese Formel, die wohl aus dem Fehlen atmosphärischer oder landschaftlicher Hintergründe zu erklären ist, aus denen die Symbole sonst aufzutauchen pflegen. Sie ist offenbar auf den ostfränkischen Bereich beschränkt und erfährt erst in ottonischer Zeit weitere Verbreitung[29]. Ein ungewöhnliches Detail zeigt das Johannes-Bild: einen Evangelisten mit übergeschlagenen Beinen. Es kommt in den Evangelistenbildern der Hofschule Karls des Großen vor und ist dort aus byzantinischen Voraussetzungen abgeleitet worden[30]. Aber wie bei den Kanontafeln und ihrem Verhältnis zum Wiener Evangeliar reichen auch hier die Parallelen nicht aus, um direkte Verbindungen herzustellen, da die Evangelistengestalten selbst wie auch die Anlage des Gesamtbildes nicht die der Hofschule sind. Die bekannten ostfränkischen Schulen gehen mit ihren Evangelistenbildern andere Wege: Fulda und der Mittelrhein greifen Vorbilder aus der Hofschule Karls des Großen auf[31], das gleiche gilt für Salzburg[32]. St. Gallen spielt in der Geschichte des Evangelistenbildes in dieser Zeit keine Rolle, noch weniger die Reichenau. Auch die mehr oder weniger isolierten Beispiele illustrierter Evangeliare, wie sie etwa aus Mainz oder Würzburg überliefert sind, zeigen andere Formen[33]. Am nächsten kommen den Quedlinburger Evangelisten immer noch die von Goldschmidt mit ihnen in Beziehung gebrachten Bilder des aus der Sammlung Oettingen-Wallerstein nach Augsburg gelangten Evangeliars Cod. I.2°.1 (Kat.Nr. 5, Tafel 26, 28 u. 30), wenn auch die Zuschreibung an dieselbe Hand mit Recht zurückgewiesen worden ist[34]. Aber der allgemeine Typus des Evangelistenbildes mit gerahmtem leeren Hintergrund, die in geschlossenen Konturen konzentrierten Gestalten der Evangelisten mit ihren schweren Köpfen lassen doch gemeinsame Quellen vermuten, wenn auch die Einzelheiten, wie etwa die abweichenden Evangelistensymbole erkennen lassen, daß den Bildern andere Vorbilder zugrunde liegen.

Wann und wo die Vorbilder des Quedlinburger Evangeliars in dem komplizierten Geflecht von Entwicklungen und Verbindungen entstanden sind, die die Geschichte des karolingischen Evangelienbuches bestimmten, wird sich angesichts des fragmentarischen Bestandes des auf uns Überkommenen kaum noch erkennen lassen. Offensichtlich aber nimmt der Weg seinen Ursprung in dem Zentrum des karolingischen Reiches und führt von hier aus in den ostfränkischen Bereich, der für uns noch so schwer überschaubar ist, in dem Bernhard Bischoff in seiner umfassenden Darlegung (s. S. 29 ff.) jedoch Augsburg als Heimat der Gruppe in Erscheinung treten läßt. So ist die Frage berechtigt, ob wir hier nicht einen Zeugen jener Entwicklung des karolingischen Evangelienbuches vor uns haben, die in der Zeit Ludwigs des Frommen im ostfränkischen Bereich die Tradition fortsetzte, die am Hofe Karls des Großen ihren Ursprung genommen hatte.

Anmerkungen

1 v. Mülverstedt, Über den Kirchenschatz des Stiftes Quedlinburg, in: Zeitschrift des Harzvereines für Geschichte und Althertumskunde 7, 1974, S. 232. Es handelt sich um das Inventar, das anläßlich der Auslieferung des Quedlinburger Domschatzes an die Regierung des Königreichs Westfalen in Kassel aufgestellt wurde.

2 Zu in Gold und Silber geschriebenen Handschriften vgl. B. Bischoff, Paläographie des römischen Altertums und des frühen Mittelalters. Berlin ^{2}1986, S. 33 f.

3 v. Mülverstedt (Anm. 1), S. 232. – Die Zuweisung an Heinrich I. findet sich auch bei J. A. Wallmann, Abhandlung von den schäzbaren Altherthümern der hohen Stiftskirche Quedlinburg. Quedlinburg 1776, S. 95-97, wo der Schreiber (fälschlich Johannes genannt) als

Stiftskanonikus zur Zeit Heinrichs I. bezeichnet wird.

4 P. E. Schramm-F. Mütherich, Denkmale der deutschen Könige und Kaiser. München ^{2}1981, S. 139 f. Nr. 63, 481.

5 Ebd. Nr. 64, S. 140, 481.

6 B. Bischoff, Die Kölner Nonnenhandschriften und das Skriptorium von Chelles, in: Frühmittelalterliche Studien I. Stuttgart 1966, S. 29. – J. Fliege, Die Handschriften der ehemaligen Stifts- und Gymnasialbibliothek Quedlinburg in Halle. Halle (Saale) 1982, S. 33-38.

7 B. Bischoff (Anm. 6). – Zur Handschrift: W. Koehler, Die karolingischen Miniaturen I. Die Schule von Tours I. Die Ornamentik. Berlin 1930 (Nachdruck 1963), S. 379.

8 W. Koehler, Die Denkmäler der karolingischen Kunst in Belgien, in: Belgische Kunstdenkmäler I. München 1923, S. 4.

9 Da in der Brüsseler Handschrift der letzte Buchstabe ausradiert ist, wird hier – wie auch in Quedlinburg – wohl ebenfalls die falsche Endung mit istum angegeben gewesen sein.

10 Dankenswerterweise wurden mir von Herrn Professor Dr. D. Geuenich, Duisburg, die Unterlagen der Datenbank mittelalterlicher Personennamenbelege zur Verfügung gestellt.

11 A. Goldschmidt, Deutsche Buchmalerei I. Die karolingische Buchmalerei. München 1928, S. 55.

12 Monasticon Belge VI, Limburg. Lüttich 1976, S. 103 ff. (s. a. unten S. 31, Kat.Nr. 3).

13 Vgl. Anm. 8.

14 B. Bischoff, Kalligraphie in Bayern. Wiesbaden 1981, S. 22 f.

15 Vgl. Anm. 9.

16 A. Brinkmann, Beschreibende Darstellung der älteren Bau- und Kunstdenkmäler der Provinz Sachsen XXXIII, I. Kreis Stadt Quedlinburg. Berlin 1922, S. 128 f.

17 C. Nordenfalk, Die spätantiken Kanonentafeln. Göteborg 1938, S. 208 ff.

18 Ebd. S. 174 ff.

19 Wien, Schatzkammer, vgl. W. Koehler, Die karolingischen Miniaturen III, Die Gruppe des Wiener Krönungs-Evangeliars. – Metzer Handschriften. Berlin 1960, S. 45 f.

20 So in der Hofschule Karls des Großen im Evangeliar von Abbeville (Abbeville, Bibliothèque Municipale Ms. 4) (vgl. W. Koehler, Kar. Min. III, S. 44 f.) und in der vom Wiener Evangeliar abhängigen Hofschule Kaiser Lothars, in dem Evangeliar Urb. lat. 3 der Vatikanischen Bibliothek (vgl. W. Koehler-F. Mütherich, Die karolingischen Miniaturen IV. Die Hofschule Kaiser Lothars – Einzelhandschriften aus Lotharingien. Berlin 1971, S. 60 ff. Zu den Kanontafeln S. 26).

21 W. Koehler, Die karolingischen Miniaturen II. Die Hofschule Karls des Großen. Berlin 1958, Taf. 28. – Aber auch spätere Beispiele lassen sich nachweisen, etwa das im 2. Viertel des 9. Jahrhunderts in Fleury entstandene Evangeliar in Tours, Bibliothèque Municipale Ms. 22, fol. 7 r. Eine späte Variante erscheint in der St. Galler Handschrift der Pierpont Morgan Library M. 1, fol. 111 v, wo es sich allerdings um eine Capitalis Rustica-Seite handelt.

22 Koehler (Anm. 21), S. 56 ff.

23 Es handelt sich um die von Nordenfalk als m-Typus bezeichnete Reihe, die ebenfalls auf eine spätantike Quelle zurückgeht, vgl. Nordenfalk, Kanontafeln (Anm. 17).

24 Koehler-Mütherich, Karolingische Miniaturen IV, S. 25.

25 Ebd.

26 J. Regul, Die antimarcionitischen Evangelienprologe, Freiburg 1969, S. 18 f. – G. Philippart, Les évangéliaires carolingiens Bollandianus 299 et Sangallensis 52, in: Analecta Bollandiana 88, 1970, S. 61 f.

27 U. Nilgen, Evangelisten, in: Reallexikon zur deutschen Kunstgeschichte VI. 1973, Sp. 454 f.

28 Ebd. Sp. 517 ff.

29 C. Nordenfalk, Der inspirierte Evangelist, in: Wiener Jahrbuch für Kunstgeschichte 36, 1983, S. 187.

30 Vgl. A. Boeckler, Die Evangelistenbilder der Ada-Gruppe, in: Münchner Jahrbuch der Bildenden Kunst 3. F., III/IV, 1952/53, S. 121 ff.

31 F. Mütherich, Die Buchmalerei am Hofe Karls des Großen, in: Karl der Große. Werk und Wirkung 3. Düsseldorf 1965, S. 40 ff.

32 Ebd.

33 Vgl. etwa das Mainzer Evangeliar in Paris, Bibliothèque Sainte-Geneviève Ms. 1190 (A. Boinet, Les manuscrits à peintures de la Bibliothèque Sainte-Geneviève, in: Bulletin de la Société française de Reproduction de manuscrits à peintures 5, 1921, S. 15 ff. – Für Würzburg s. das Evangeliar Würzburg, Universitätsbibliothek M.p.th.q.1 (B. Bischoff – J. Hofmann, Libri Sancti Kyliani. Würzburg 1952, S. 138, Nr. 143).

34 R. Kahsnitz, Universitätsbibliothek Augsburg, Wertvolle Handschriften und Einbände aus der ehemaligen Oettingen-Wallersteinischen Bibliothek. Wiesbaden 1987, Nr. 3, S. 35 ff. (R. Kahsnitz).

BERNHARD BISCHOFF

Die Schrift des Quedlinburger Evangeliars

Der 36,8 x 27,8 cm messende Buchblock besteht aus einem ungezählten und 191 gezählten Blättern, deren Lagen mit Ausnahme der ersten und der letzten regelmäßige Quaternionen bilden (IV + 1^{6}, 22 IV^{184}, I + III^{191}), es folgt ein leeres Doppelblatt. Auf fol. 72 v (Lage VIIII) und von 98 v (XII) ab sind die Lagen durch schlichte goldene Zahlen bezeichnet, nur auf 80 v (X) und 88 v (XI) durch silberne.

Das Material ist Kalbpergament, das durch die Bearbeitung mit Bimsstein geschmeidiger und etwas rauher gemacht wurde, dem in diesem Falle vielleicht mit Rücksicht auf das metallische Medium und die malerische Ausstattung vor dem in Deutschland weit häufiger gebrauchten Schafpergament der Vorzug gegeben wurde.

Die Handschrift zählt 24 Schmuckseiten: 16 Kanontafeln (9 r–16 v) und vier umrahmte Evangelistenbilder (17 v, 66 v, 102 v, 149 v), denen vier ebenfalls gerahmte Initialseiten gegenüberstehen (18 r, 67 r, 103 r, 150 r)[1]. Der Eindruck der gesamten Handschrift wird von der leuchtenden Goldtinte der Schrift beherrscht; für die Wahl der Schriftart gibt die Würde des Textes den Ausschlag: dem Wort des Evangeliums gebührt die feierliche Unziale, während die Prologe, Kapitelverzeichnisse und das für den liturgischen Gebrauch bestimmte Capitulare evangeliorum in Minuskel geschrieben sind. Silber, das meist oxydiert ist, erscheint nur in den Randzahlen, in zwei Lagenzahlen und zur Unterbrechung in einer Grußformel (6 r I) und einer längeren Kapitelüberschrift (65 I).

Zur Einteilung des Schriftspiegels in zwei Spalten dienen die stärker blind eingedrückten senkrechten Begrenzungslinien: zwei außen, je eine zwischen den Spalten, zwei innen. Dagegen müssen die Zeilen hauchfein vorgezeichnet (vorgezogen) gewesen sein, da sie fast völlig verschwunden sind (eine schwache Spur anscheinend am Ende von 136 v II). Zu erwarten wäre jedoch, daß die Zeilen nicht nur einfach, sondern doppelt gezogen waren[2].

Seit der frühkarolingischen Zeit ist es nicht selten zu beobachten, daß in Unzialcodices der Evangelien für die Führung der Schrift doppelte Blindlinien vorbereitet wurden[3]. Die ersten Beispiele finden sich anscheinend in englischen Codices aus dem Ende des 8. Jahrhunderts: Paris, Codex Bigotianus (CLA V 526) und Stockholm, Codex aureus (CLA XI 1642)[4]. Auch in Handschriften der Hofschule Karls des Großen ist diese Praxis belegt: z. B. im Harleianus 2788 (CLA II 198), in Abbeville (CLA VI 704), ferner im Wiener Krönungsevangeliar (CLA X 1469). Für Quedlinburg wäre die Frage angesichts der Zartheit der Zeilenlinierung kaum sicher zu beantworten, wenn nicht eine halbe freigebliebene Spalte am Ende des Matthäus (64 r I) die doppelte Liniierung zeigte.

Ungewöhnlich für eine Prachthandschrift ist es, daß die Zeilenzahl schwankt. Sie beträgt zweimal nur 21 (18 r, 67 r) und bewegt sich im übrigen zwischen 24 (z. B. 97 r) und 27 (z. B. 2 v ff., 137 ff.). Das traditionsgemäß kleiner geschriebene Lektionsverzeichnis bildet einen Anhang mit 29 Zeilen (181 v ff.). Als eine mittlere Angabe für den Schriftspiegel mag 24 x 17 cm gelten.

Im Quedlinburger Evangeliar werden vier Schriftarten verwendet: Monumentalcapitalis, Capitalis rustica, Unziale und Minuskel. Bevor im Buchwesen der karolingischen Erneuerung für die großen Titel der Gebrauch des durch Kopien verbreiteten klassischen inschriftlichen Alphabets aufs neue üblich wurde, herrschte auf dem Gebiet der größeren Auszeichnungsschriften eine bunte Willkür in der Mischung von Formen. Auch das Skriptorium der Quedlinburger Handschrift war von der vollen Schriftreform noch nicht erreicht worden. Die hier gebrauchte *Monumentalcapitalis* war eine meist etwas längliche Gestalt des ererbten Alphabets, bildete aber das *C* und das *G* eckig, wobei sich letzteres einer engen Form fügen mußte. Diese sind an allen Stellen des Vorkommens der Schriftart konsequent beachtet[5]. An den Anfängen der Evangelien dient sie dazu, das leere Rechteck unter dem Evangelisten mit der INCIPIT-Formel wie mit einem Bildtitulus zu füllen[6]. Dieses Alphabet liefert auch die Goldbuchstaben, die auf die Initialen folgen; sie erscheinen in drei Größen: zu 27 mm – dieses bei der Zeile (L)IBER auf 18r –, zu 19 mm und schließlich zu 9-12 mm. Der Kürzungsstrich ist horizontal mit zwei Zapfen.

Die *Capitalis rustica* (oder einfach *Rustica*) ist in der karolingischen Erneuerung aus dem römischen Erbe als Auszeichnungsschrift wiederbelebt worden, in verschiedenen Regionen mit unterschiedlichem Erfolg[7]. Im Quedlinburger Codex ist sie verhältnismäßig dünn geschrieben und hauptsächlich EXPLICIT- und INCIPIT-Formeln vorbehalten; sie wird aber auch bei der Adresse von ›Novum opus‹[8] (2r) und Grußformeln (3v, 6r) gebraucht. Bei den Überschriften der Capitulatio zu Markus wechseln Rustica und Unziale (65r, s. Tafel 14), und ebenso auch bei den Monatsnamen im Capitulare evangeliorum (181r ff.).

Die *Unziale*, im 8. Jahrhundert eine Buchschrift unter anderen, hat in der Karolingerzeit meist den Rang einer gepflegten Auszeichnungsschrift für Überschriften und Formeln eingenommen. Die Verwendung für ganze Bücher ist fast vollständig auf liturgische Codices und unter diesen vorzüglich auf Evangeliare beschränkt. Der Hof hat mit den in seinen Schreib- und Buchmalereiwerkstätten entstandenen Handschriften, dem Godescalc-Evangelistar, dem Harley-Codex, dem Krönungsevangeliar und den anderen, darunter mehreren Purpurcodices, ein hohes Vorbild gegeben, durch das im Südosten des Reiches vielleicht eine etwas ältere lokale Tradition verlängert wurde[9], während es in anderen Zentren zur Nachahmung herausgefordert hat. Vor diesem Hintergrund ist das Quedlinburger Evangeliar zu sehen und zu werten, in dem der Evangelientext in Goldunziale geschrieben ist[10].

Die runde, regenerierte Unziale bietet kaum Möglichkeiten zu einer Klassifizierung, doch unter allen Buchstaben dieses Alphabets verfügt wenigstens das *A* über eine große Variationsbreite, die auf der abwechslungsreichen Bildungsweise des ›Bogens‹ beruht. In der Handschrift wird durchwegs eine Form geschrieben, in der bei korrekter Ausführung an den schrägen Schaft ein schwach gebogener *S*-Strich angehängt wird; unter diesem wird ein kurzer Strich zu dem Schaft hin geschrieben; sie wird häufig vergröbert. Der Abkürzungsstrich ist (außer auf 18r-19r; s. unten) ein ganz leicht gewellter Horizontalstrich.

Die vierte Schrift, die *Minuskel*, ist die Schrift der Prologe, Argumente, Kapitel- und Perikopenverzeichnisse. Geschrieben ist sie mit fast gleichbleibendem Druck, der aber feine waagerechte Striche wie die Zunge des *e* erlaubt. Oberlängen haben etwa die zweieinhalbfache Höhe des Mittelbandes. Der auffallendste Buchstabe ist das kleine *a*, das an der oberen Nahtstelle sehr oft nicht geschlossen ist; spitzes *v* ist bei dem »vsque« der Perikopen häufig. Am Wortanfang kann *a* etwa doppelte Höhe haben. Es gibt wenige Ligaturen, darunter *ae*, *rt*, *st*, und wenige Kürzungen, darunter *aū*, *ē*, *or* (in Ligatur überstrichen oder mit Kreuzstrich = *-orum*), *sc̄d*. Der Kürzungsstrich ist derselbe wie bei der Unziale.

Am Ende des in dieser Minuskel geschriebenen Capitulare evangeliorum (190v) steht nach einem Zwischenraum von einer Zeile die Subskription (s. Tafel 16):

»In nomine dei ego Samuhel indignus vocatus presbyter scrips̄ istum euangelium«[11].

Gegenüber zahllosen anderen ist sie verhältnismäßig wortreich, aber sie schweigt über den Ort und die Zeit und über etwaige Arbeitsteilung. Der Priester Samuhel erhebt also den Anspruch, die Handschrift (ganz) geschrieben zu haben. Aber es läßt sich oft genug nachweisen, daß eine solche Behauptung, gewöhnlich von der Hand des letzten Schreibers, über die Verdienste anderer hinweggeht.

Geht man die Schriften im Quedlinburger Codex durch, so ist die Einheitlichkeit der Monumentalis unverdächtig, und ebenso wohl jene der schwach vertretenen Rustica. Auch die Minuskel läßt keine Brüche erkennen.

Dagegen wird man nicht umhin können, bei dem Vergleich der ersten Matthäus-Seite (18r, s. Tafel 7) mit den jeweils ersten Seiten der anderen Evangelien (s. Tafel 9, 11 u. 13) einen großen Unterschied in der Qualität, Ausgewogenheit und Präzision der Einzelformen festzustellen, der zu Ungunsten der anderen ausfällt. Auf 18r, das den kalligraphischen Höhepunkt der Handschrift bildet, halten die Buchstaben trotz der räumlichen Enge klaren Abstand, während sie z.B. bei Lukas (103r, s. Tafel 11) fast Streifen bilden. Anstelle der Fülle ist Sprödigkeit getreten. Es gibt nur eine Erklärung: hier hat der Lehrer ein Muster vorgeschrieben, dem die Schüler nacheifern sollen, wie es seit alters zum Schreibunterricht gehört. Nach dem Matthäus-Anfang hat er noch das folgende Seitenpaar (18v/19r) geschrieben und dann die Arbeit abgegeben. Die auf 19v einsetzende Hand ist nicht nur weniger harmonisch, sondern wohl um 1 mm kleiner, wie sich an der durchscheinenden Schrift von 19r ersehen läßt; manchmal schreibt sie den Deckstrich des *T* korrekt mit den Zapfen, meistens aber nicht, und oft vergröbert sie die zierliche Bildung des *A*-Bogens. Es würde über den Rahmen und die Ziele dieser Vorstellung weit hinausgehen, wollte man versuchen, in dem riesigen Rest die Leistungen dieses und etwaiger weiterer Schreiber der Unziale voneinander abzuheben.

Nun existiert noch ein zweites von einem Samuhel signiertes karolingisches Evangeliar. Es ist der Codex 299 der Bibliothek der Bollandisten in Brüssel (Kat.Nr. 3), der spätestens seit 1130 dem in der belgischen Diözese Limburg gelegenen Benediktinerinnenkloster Münsterbilsen gehörte. Auf ihn hat Wilhelm Koehler zuerst hingewiesen[12].

Der Name Samuhel ist im 9. Jahrhundert weniger selten, als man erwarten würde[13]. Aber die Brüsseler Subskription nach dem EXPLICIT zu Johannes (179v) überrascht durch die engste Parallelität der Formulierung mit Quedlinburg (s. Tafel 17):

»Ego Samuhel indignus diaconus scrip̄ istu(m) euangelium«[14].

Außer der im Schriftwesen seltenen Nennung des Weihegrades (mit »indignus«) ist eine weitere Analogie zu beobachten: beide Signaturen endeten »istum euangelium«, was in Brüssel durch Rasur des *m* unvollkommen, in Quedlinburg durch das *d* des Korrektors verbessert ist. Die Übereinstimmung ist also fast perfekt. Wenn sich die Identität des Diakons und des Presbyters Samuhel durch die Untersuchung der Schrift erhärten läßt, dürfte die Entstehung der Brüsseler Handschrift eine längere Reihe von Jahren früher liegen; sie ist sehr viel schlichter.

Die Handschrift 299 enthält 180 Blätter (z.T. Kalbpergament); davon sind karolingisch: Bl. 3-148, 153-180; sie mißt 29 x 17,5 cm, mit 25 Zeilen in einem Schriftraum von 20,8 x 11 cm. Ihre Minuskel ist einheitlich, ebenso die Auszeichnungsschriften Unziale und Monumentalcapitalis. Sie enthält auf 23v-28v bunte Kanontafeln und vier in Gold[15] und Silber ausgeführte Initialen, aber keine Evangelistenbilder. Der Entstehungsort der Handschrift ist unbekannt, und ebenso, wann sie in das 669 gegründete Münsterbilsen gelangte, wo sie 1130 die Liste der Konventualinnen (71 v) und wenig später den vollständig mit der Musik versehenen »Ordo stellae«[16] aufnahm.

Von den Schriftarten bietet sich die Monumentalcapitalis, meist in rot, zum Vergleich mit der Quedlinburger Handschrift an. Sie ist fast für alle INCIPIT- und wenige EXPLICIT-Formeln gebraucht[17] und stimmt in dem schmalen Bau und in den eckigen Formen von *C* und *G* völlig mit Quedlinburg überein. Der allgemeine Kürzungsstrich dieser Schrift beginnt und endet mit je einem Zapfen; bei dem Johannes-EXPLICIT (179 v) schneidet er – wie in Quedlinburg 147 v II – die Gruppen *(S)CD* und *IOH* in der Mitte.

Die Capitalis rustica ist in Brüssel nicht vertreten. Die Unziale, in der viele EXPLICIT-Formeln geschrieben sind, folgt dem kalligraphischen Standard; die Form des *A* ist die bei Quedlinburg erörterte.

Die große Schwierigkeit entsteht bei der Vergleichung der Minuskelschriften von Brüssel und Quedlinburg. Es ist durchaus verständlich, wenn die Behauptung, daß die leicht schräge, mangelhaft ausgerichtete Schrift von Brüssel und die gerade, in den Proportionen maßvolle Goldminuskel von Quedlinburg von derselben Hand geschrieben sein könnte, auf Befremden stößt. Wenn wir an der Identität des Diakons und des Presbyters festhalten und sie sichern wollen, müssen wir versuchen, mit einer derartigen Veränderung, wie sie uns hier entgegentritt, Vergleichbares, vor allem aber eine Begründung zu finden, und wenn wir von der Einheit überzeugt sind, entdecken wir vielleicht noch Spuren der Kontinuität.

Individuelle Schriften waren auch im frühen Mittelalter nicht unveränderlich, aus verschiedenen Gründen –, ein paläographisches Thema, das noch wenig Beachtung gefunden hat. Der Hinweis auf die Schrift Walahfrid Strabos, die in seinem eigenhändig geschriebenen Vademecum vier verschiedene Phasen erkennen läßt[18], und auf einen anonymen Reichenauer Schreiber, der während eines Aufenthalts in Fulda insulare Elemente in seine Schrift aufgenommen hat[19], möge genügen. Schreiber, die in eine neue Umgebung eintraten, konnten ihre Schrift ändern oder eine andere Schrift annehmen[20].

Die Begründung muß bei Samuhel, wie ich glaube, eine ästhetische sein. Die Meister der Schrift hatten ein Empfinden dafür, daß eine unbeschwerte, ›zuchtlose‹ Schrift sich nicht für die Eingliederung in ein Schriftkunstwerk mit höherer Bestimmung eignete. Als ein Beispiel für eine Anpassung für einen derartigen Zweck kann wahrscheinlich die Minuskel des Münchener Purpurcodex dienen, den Koehler als drittes Glied der Gruppe erkannte[21]. Vergleicht man sie mit der Schrift des Diakons, so kann man ihr eine erstaunliche Verwandschaft zuerkennen, aber das geordnete Schriftbild ist frei von Zufälligkeit und Unruhe. Ich schließe daraus, daß auch der schreibgewandte Samuhel, bevor er an einem Werk wie dem Quedlinburger Evangeliar mitarbeiten konnte, eine in allem maßvolle Schrift angenommen haben mußte. In dieser aber sind noch Elemente der früheren Schrift enthalten: das nicht ganz geschlossene *a*, das spitze *v* in dem wiederkehrenden *vsq*; des Lektionskatalogs und der leicht gewellte Kürzungsstrich.

Von den Schicksalen des Münchener Purpurcodex, Clm 23631, ist nichts bekannt, bevor er 1587 von dem Eichstätter Kanonikus Johann Georg von Werdenstein (1542-1608) dem Herzog Wilhelm V. von Bayern geschenkt wurde. Er enthält 245 Blatt (paginiert 1-491), davon sind 243 Purpurpergament; eingeschoben sind Bl. 24 und 197 mit Bildern aus einem altchristlichen Zyklus des Lebens Jesu. Mit 31 x 20,5 cm (21-24 x 13-15 cm) ist er kleiner als der Quedlinburger Codex und im Verhältnis wesentlich schmäler; er ist in 22-26 Langzeilen geschrieben. Der Schmuck besteht aus 16 Seiten Kanontafeln (16 r-23 v = S. 32-47), vier Initialen zu Beginn der Evangelien 25 r (S. 50), 87 v (S. 174), 130 r (S. 259), 196 v (S. 390) und einer Initiale vor dem Markus-Prolog 84 v (S. 168)[22]. Die drei Schriftarten sind auch hier die schmale Monumentalcapitalis, die Unziale und die Minuskel. Innerhalb der ersten wurde bei den Überschriften der

Evangelien zwischen Gold- und Silberzeilen so abgewechselt, daß das INCIPIT silbern war, der nach der Initiale beginnende Wortlaut des Textes dagegen in Gold.

Die Unziale ist von mehreren Händen geschrieben, die dem karolingischen Standard voll entsprechen; die *A*-Form ist die der anderen Handschriften. Die Hand des Meisters von Quedlinburg scheint nicht darunter zu sein.

Auf die Verwandtschaft der Minuskel mit der Schrift Samuhels als Diakon ist bereits hingewiesen[23]. Ab 192v (S. 382) beherrscht sie das Bild der Handschrift, für wenige Seiten in Gold, dann in Silber. Auf sie war bereits auf 137v[24] (S. 270) ein Vorgriff erfolgt, um die Lukas-Genealogie in drei Spalten sparsamer schreiben zu können.

Für die Herstellung eines solchen Codex erforderte schon die Beschaffung des echten Purpurpergaments, das wahrscheinlich aus Byzanz importiert wurde, einen ungewöhnlichen Aufwand. Auch scheint die Realisierung nicht ohne Schwierigkeiten möglich gewesen zu sein, da man sich vor dem letzten Fünftel zu einschneidenden Veränderungen entschloß. Der Schreibstoff, Gold, der von 1r bis 196r (S. 389), dem Ende des Lukas, dominiert hatte, wechselt mit 198r (S. 393) zu Silber, die Schrift, Unziale bis 192r (S. 381), mit 192v (S. 382) zu Minuskel, nachdem sie bereits mit der wachsenden Zahl der Zeilen kleiner geworden war. Hinter dieser schwerwiegenden Beeinträchtigung des Erscheinungsbildes eines Prachtcodex scheint der Wunsch, sparsamer zu Werke zu gehen, gestanden zu haben.

Am unteren Rand der letzten Schriftseite stehen in zwei Monogrammen, einer im Rechtswesen üblichen Form, die Worte »HANTω EPISCOBVS« (mit einem Fehler), wie eine Bestätigung der Vollendung des von ihm unternommenen Werkes.

Mit dem Namen des Augsburger Bischofs, dessen Amtszeit jetzt mit 807-816 angesetzt wird[25], gewinnen wir den sicheren Anhalt für die Zeit und den Ort der Entstehung. Denn die Abweichungen der Handschrift von einem nach einheitlichem Plan hergestellten Buch sind zu gravierend, als daß man denken könnte, sie wäre an anderem (unbekanntem) Ort für Hanto geschrieben worden. Aus den im Stift Quedlinburg und dem belgischen Nonnenkloster gehüteten Evangeliaren und dem Augsburger Codex werden Umrisse eines frühkarolingischen schwäbischen bischöflichen Zentrums sichtbar, von dem nur Sakristeihandschriften, keine Bibliotheksbände überlebt haben. Es bleibt offen, ob der Tod Hantos auch der Aktivität des Ateliers ein Ende setzte oder ob die Zeit des Nachfolgers Nithard[26] die Möglichkeit und die Mittel für die Entstehung der Quedlinburger Handschrift und die kalligraphische Tätigkeit des Priesters Samuhel bot.

Textlich unterscheiden sich die drei Handschriften. Nach Bonifatius Fischer bietet Quedlinburg den Text der Hofschule Kaiser Lothars I. (840-855), dessen Entwicklung in die Zeit Karls zurückreicht und der schon vor Lothar ausgeprägt existierte[27].

Wenn Brüssel, das mehr für sich steht, und Hanto nicht übermäßig von Quedlinburg abweichen, so scheinen sie immerhin »zum Wirkungsbereich des Krönungsevangeliars zu gehören«[28]. Als der Quedlinburg allernächste Zeuge ist ein etwas jüngeres, bescheidenes Evangeliar aus dem Regensburger Kreise, Clm 14222, ermittelt worden[29]; es verstärkt das Gewicht Süddeutschlands in der Überlieferung dieses Zweiges.

Eine weitere das Quedlinburger Evangeliar betreffende textgeschichtliche Aufgabe wird in der Zukunft aufzugreifen sein. Die Handschrift wurde noch im 9. Jahrhundert vom Anfang (21r) bis zum Ende korrigiert, wobei sich der Korrektor bemüht hat, das Seitenbild möglichst wenig zu beeinträchtigen, obwohl er über einhundert Mal eingegriffen hat. In winzigen übergeschriebenen, aber deutlichen Buchstaben in schwärzlicher Tinte ist Übersehenes ergänzt, sind Vokale oder Konsonanten ausgetauscht, wobei vereinzelt Punkte die Korrektur erleichtern (Abb.). Auf viele Korrekturen, darunter auch Rasuren, wird durch ein kleines *r* (von »requirere«, Nachschau halten) oder einen Punkt (ab 110v) am Rand aufmerksam gemacht.

Anmerkungen

1 Vgl. den Beitrag F. Mütherich, S. 23 ff. Darüber hinaus findet sich nur eine 24 mm große Initiale am Anfang des Markus-Prologs (64 r); sie ist goldkonturiert, die Stämme sind mit goldenen und silbernen Zacken im Wechsel gefüllt.

2 Die Stichlöcher am Rande geben keine Auskunft.

3 Überdeutlich in dem Purpurcodex Clm 23631 (Kat. Nr. 4); B. Bischoff, Kalligraphie in Bayern. Wiesbaden 1981, Taf. 15 a.

4 Zwischen Doppellinien steht auch die Schrift des angelsächsischen Cutbercht-Codex aus Salzburg (CLA X 1500).

5 Außerhalb der hier behandelten Gruppe von Handschriften sind mir weitere Belege nicht bekannt.

6 Unter Lukas ist »secundum« weggelassen worden.

7 B. Bischoff, Paläographie des römischen Altertums und des abendländischen Mittelalters. 2. überarb. Aufl. Berlin 1986, S. 53 f.

8 Hier ist aus dem letzten O des irrtümlich geschriebenen HIERONIMO durch Rasur die gewohnte -us-Kürzung hergestellt worden.

9 Zu denken ist an Mondsee und Salzburg. Vgl. B. Bischoff, Die südostdeutschen Schreibschulen und Bibliotheken in der Karolingerzeit 2. Wiesbaden 1980, S. 9 ff. bzw. S. 87 und 145.

10 Über den Seiten stehen kurze Titel in Goldunziale.

11 Man würde »scrips̄« eher mit »scripsit« als mit »scripsi« auflösen. Das ungrammatische »istum« ist von anderer Hand durch ein *d* über *m* berichtigt. Unter der letzten Zeile ist als Rest eines Wortes ein mit gewöhnlicher Tinte geschriebenes *g* erkennbar.

12 W. Koehler, Die Denkmäler der karolingischen Kunst in Belgien, in: Belgische Kunstdenkmäler 1, hrsg. v. P. Clemen. München 1923, S. 4.

13 Vgl. F. Mütherich, S. 24.

14 Die Schrift ist etwas eigenwillig, die Gruppe »scrip̄« fast kursiv; diese endet mit einem *p*, dessen hoch beginnender *S*-förmiger Bogen hier wohl ein *S* andeuten kann.

15 Auf 73 r und 105 r ist auch bronzegrüner Goldersatz verwendet.

16 Eine völlig falsche Datierung ins 12. Jahrhundert bei K. Young, The Drama of the Medieval Church 2. Oxford 1933, S. 446 f.; Abdruck des »Ordo stellae« ebd., S. 75-80.

17 Ungewöhnlich ist die Verwendung von »Elencus« als Überschrift der Kapitelverzeichnisse außer für Matthäus (Form B bei [D. De Bruyne,] Sommaires, Divisions et Rubriques de la Bible Latine, Namur o. J., S. 270 ff.).

18 B. Bischoff, Mittelalterliche Studien 2. Stuttgart 1967, S. 34 ff. mit 4 Abb.

19 Ebd., 1. Stuttgart 1966, S. 41-49 u. Taf. 3 f.

20 B. Bischoff, in: G. Silagi (Hrsg.), Paläographie 1981 (Münchener Beiträge zur Mediävistik und Renaissanceforschung 32). München 1982, S. 93 ff. u. Taf. 3-9.

21 Ich verweise auf die Tafeln 15 a und b in: Kalligraphie in Bayern (s. Anm. 3). Ich habe dort auf S. 22-24 versucht, die Entwicklung Samuhels als Kalligraphen zu skizzieren, als das Quedlinburger Evangeliar noch als verschollen gelten mußte.

22 Daß sich zu dieser Initiale in Quedlinburg an genau der gleichen Stelle (s. Anm. 1) ein Gegenstück findet, erklärt sich wohl durch eine gelegentliche Heranziehung eines am Entstehungsort vorhandenen Exemplars mit dieser Besonderheit.

23 Das spitze *v* (in »usque«) scheint sie zu meiden.

24 In ›Kalligraphie‹ (s. Anm. 3), S. 23 irrtümlich zu 107 v entstellt.

25 W. Volkert - F. Zoepfl, Die Regesten der Bischöfe und des Domkapitels von Augsburg I, 1. Augsburg 1985, S. 30-32.

26 Ebd., S. 33-35.

27 Vgl. B. Fischer, S. 35 u. S. 40 f.

28 Ebd., S. 37 f. u. S. 40.

29 B. Bischoff, Die südostdeutschen Schreibschulen und Bibliotheken in der Karolingerzeit 1. Leipzig 1940, S. 210 f.; 2. Wiesbaden 1980, S. 239.

P. BONIFATIUS FISCHER O.S.B.

Der Text des Quedlinburger Evangeliars

In diesem Beitrag soll ausschließlich der Evangelientext, den die Quedlinburger Handschrift bietet, in sich untersucht werden, nicht seine äußere Gestaltung, die Anordnung und die Zutaten[1]. Damit wird versucht, für diesen spezifischen Text unter den verschiedenen Ausprägungen der lateinischen Evangelien, die es im 9. Jahrhundert gab, den zutreffenden Platz zu finden, um ihn in die Entwicklung einzuordnen.

Bisher hatten solche Untersuchungen nur eine schmale Grundlage, nämlich die 100 Jahre alten Kollationen von Peter Corssen[2] zu wenigen und kleinen Abschnitten, insgesamt nicht mehr als 202 Stellen; verglichen war nur ein Teil der existierenden Handschriften. Wilhelm Koehler hat am Rande seiner Untersuchungen[3] zwar die Angaben von Corssen präzisiert und weitere Handschriften einbezogen, aber nicht die Zahl der Stellen vergrößert. Die hier klaffende Lücke soll das Projekt ›Die lateinischen Evangelien bis zum 10. Jahrhundert‹ schließen[4]. Zwar konnte ich diese Arbeit noch nicht beenden, aber das elektronisch aufbereitete Material zu den drei ersten Evangelien Matthäus, Markus, Lukas kann schon benutzt werden, und einige Programme sind für die Untersuchung entwickelt.

Aus jedem Evangelium wurden vier etwa gleich lange Abschnitte ausgewählt und zu ihnen sämtliche 462 Handschriften verglichen, die aus der Zeit bis etwa 900 erhalten sind. Dabei ergaben sich in den ersten drei Evangelien insgesamt 4419 Stellen, an denen die Handschriften voneinander abweichen. In den einzelnen Abschnitten sind es:

Evangelien	*Stellen*	*Evangelien*	*Stellen*	*Evangelien*	*Stellen*
Mt 2,19-4,17	402	Mk 2,12-3,21	378	Lk 6,17-49	391
Mt 8,2-9,8	379	Mk 7,32-8,35	343	Lk 8,12-43	392
Mt 16,9-17,17	320	Mk 10,17-52	365	Lk 10,40-11,32	389
Mt 26,39-58; 27,29-46	322	Mk 14,22-62	336	Lk 23,35-44; 24,8-13. 24-49	402
Mt zusammen	1423	Mk zusammen	1422	Lk zusammen	1574

Mit einem Computer-Programm wird ausgezählt, wie oft eine Handschrift mit jeder einzelnen anderen an den Stellen übereinstimmt, die beide vorhanden sind.

Nach dieser Methode erhalten wir für das Quedlinburger Evangeliar eindeutig die Aussage: Quedlinburg bietet den Text, der in der Hofschule Kaiser Lothars[5] verwendet wurde. Quedlinburg stimmt aufs engste mit den dort entstandenen Evangeliaren überein:

Vatic. Urbin. lat. 3	in 4355 von 4374 Stellen = 99,6%
Berlin theol. lat. fol. 260 (aus Prüm)	in 4353 von 4374 Stellen = 99,5%
Berlin theol. lat. fol. 3 (aus Minden)	in 4350 von 4374 Stellen = 99,5%

Der Text der vier Handschriften ist identisch. Quedlinburg weicht vom Urbinas nur an 19 Stellen von 4374 ab, von denen beide vorhanden sind; dabei sind zwei Versehen der ersten Hand mitgezählt, die in Quedlinburg korrigiert sind, und eine Singulärlesart im Urbinas, die als bloßes Schreiberversehen zu werten ist. In Prüm finden sich fünf solche Singulärlesarten, von denen drei korrigiert sind. Auch Minden entfernt sich nicht so weit von diesem Text, daß man es aus diesem Grund einer Nebenschule zuweisen müßte.

Dieser ›Lothartext‹, wie wir ihn im folgenden nennen wollen, ist aus dem Evangelientext abgeleitet, der am Hofe Karls des Großen entwickelt worden ist. Die Hauptrolle dabei spielte das Krönungsevangeliar in Wien. Jedoch sind die Zusammenhänge im einzelnen ziemlich verwickelt. Das zeigt sich, wenn wir zu allen Differenzen zwischen den drei Handschriften Quedlinburg, Prüm und Urbinas außer dem Krönungsevangeliar auch die anderen Evangeliare der Hofschule vergleichen sowie noch weitere Handschriften heranziehen, deren Text davon abgeleitet ist. Dann erhalten wir folgendes Bild[6]:

Der Lothartext ist eine feste Größe, und die ihn bietende Gruppe bleibt bemerkenswert geschlossen. Von wenigen Ausnahmen abgesehen, schert jeweils nur eine Handschrift aus. Quedlinburg und Urbinas tun es nur selten, Prüm etwas öfters; die Seitensprünge von Minden sind noch häufiger. Meist handelt es sich dabei um Fehler, die nachträglich korrigiert wurden. Daneben begegnen aber immer wieder Rückgriffe auf ältere Formen des Hofschultextes; Ähnliches hat Koehler bei den Handschriften der Schule von Tours beobachtet[7]. Da die Zeugen des Lothartextes kreuz und quer Beziehungen zu den verschiedenen Gestaltungen des Hofschultextes aufweisen, muß er innerhalb der Entwicklung des Evangelientextes am Hofe Karls des Großen entstanden sein, jedenfalls ist er älter als seine Bezeugung in der Lothargruppe (840–855).

Darauf verweist auch das zweite Ergebnis des Vergleichs von Quedlinburg mit allen andern Evangeliaren: Den Lothartext bieten noch andere Handschriften, die in verschiedenen Teilen des karolingischen Reiches entstanden sind. Das ist ganz eindeutig der Fall bei den ältesten Vertretern der frankosächsischen Schule: Porrentruy (Pruntrut), École cantonale, stimmt mit Quedlinburg überein in 4355 von 4374 Stellen = 99,6%, und genau die gleichen Zahlen ergeben sich für Tours 23. Der Lothartext wird, wenn man von ein paar Außenseitern absieht, der Text der ganzen frankosächsischen Schule.

Aber noch weitere Handschriften weisen den gleichen Text auf. In Nordostfrankreich ist im ersten Viertel des 9. Jahrhunderts Paris lat. 9387 entstanden, der in 4308 von 4340 Stellen = 99,3% mit Quedlinburg übereinstimmt. Ähnlich steht es mit Orléans 67 (64), ebenfalls Nordostfrankreich, erste Hälfte des 9. Jahrhunderts (3828 von 3856 Stellen = 99,3%).

Häufiger begegnet uns der Lothartext auf ostfränkischem Gebiet. Wie weit er verbreitet war, zeigt das Evangeliar in Paderborn, Akademiebibliothek Hux. 21 a, das aus Corvey stammt (4349 von 4373 Stellen = 99,5%). Zahlreicher aber sind solche Handschriften im Süden und Südwesten. Ich beschränke mich auf einige Handschriften, die bei der Lokalisierung Quedlinburgs von Bedeutung sein können. Da ist an erster Stelle München Clm 14222 zu nennen, das mit Quedlinburg in 4356 von 4374 Stellen = 99,6% übereinstimmt und den Lothartext ebenso rein vertritt wie Quedlinburg selber. Diese Handschrift aus dem ersten Viertel des 9. Jahrhunderts wird dem weiteren Umkreis von Regensburg zugewiesen (Kat. Nr. 6). In der gleichen Gegend entstanden im zweiten Viertel des Jahrhunderts Wien lat. 1234 (4337 von 4374 Stellen = 99,2%) und München Clm 15408 (4337 von 4373 Stellen = 99,2%, aus Weltenburg), die den Lothartext nicht mehr so rein bieten.

Wieder näher bei Quedlinburg steht dagegen Karlsruhe Aug. CCVII (4348 von 4368 Stellen = 99,5%), das etwas jünger ist (drittes Viertel des 9. Jahrhunderts, südwestdeutsch?), sodann München Clm 3802 (4347 von 4374 Stellen = 99,4%, Provenienz Augsburg, erstes Drittel des 9. Jahrhunderts) und Zürich C. 39 (4346 von 4374 Stellen = 99,4%, Bayern zugewiesen). Auch im elsässischen Weißenburg läßt sich der Lothartext etwas verwässert im zweiten Viertel des 9. Jahrhunderts nachweisen durch Wolfenbüttel Weissenb. 61 (4340 von 4374 Stellen = 99,2%).

Bei den bisher genannten Handschriften verläuft die Verbindung mit dem karolingischen Hof eindeutig über den Lothartext; an ihm vorbei gibt es nur sporadische Einzelkontakte, wie wir sie oben auch bei den einzelnen Zeugen des Lothartextes beobachtet haben. Als Kontrolle diente der ›Vergleich zu dritt‹ jedes Zeugen mit dem Wiener Krönungsevangeliar und mit Quedlinburg; die Ergebnisse wurden ausgewertet, aber hier nicht einzeln angegeben.

Wenn wir uns nun Handschriften zuwenden, die nicht so eindeutig dem Lothartext folgen, dann ist immer zu beachten, daß der Lothartext sich weniger vom Krönungsevangeliar unterscheidet, als es alle Handschriften der Hofschule Karls des Großen und der Gruppe um das Krönungsevangeliar tun. Daher ist es nicht einfach, zu unterscheiden, ob ein Einfluß vom Krönungsevangeliar oder vom Lothartext herrührt. Am schärfsten stellt sich dieses Problem bei den Salzburger Handschriften um 830 unter Adalram. Hier finden wir einerseits fast identisch den Lothartext in den beiden Handschriften Vatic. lat. 7224 und 7225 und Oettingen-Wallerstein I 2 fol. 2. Andererseits haben wir in Wien lat. 1193 (Norperht-Evangeliar), Paris lat. 8849 und München Clm 19 101 drei Handschriften, die sich allmählich vom Lothartext entfernen und dem Krönungsevangeliar zuwenden.

	mit Quedlinburg	*mit Krönungsevangeliar*
Vatic.	4353 von 4374 Stellen 99,5%	4336 von 4374 Stellen 99,1%
Oettingen	4350 von 4372 Stellen 99,5%	4337 von 4372 Stellen 99,2%
Wien 1193	4342 von 4374 Stellen 99,3%	4334 von 4375 Stellen 99,1%
Paris 8849	4341 von 4374 Stellen 99,2%	4337 von 4375 Stellen 99,1%
Clm 19 101	4340 von 4374 Stellen 99,2%	4343 von 4375 Stellen 99,3%

Diese Zusammenstellung zeigt, daß in Wien und Paris die gelockerte Beziehung zu Quedlinburg immer noch stärker bleibt als die Verbindung mit dem Krönungsevangeliar; das ändert sich erst mit Clm 19 101. Alle fünf Handschriften aus Salzburg enthalten keine Lesart, die nicht entweder in Quedlinburg oder im Krönungsevangeliar stünde, wenn diese beiden sich trennen. Daher werden die Beziehungen durch folgende Tabelle noch deutlicher:

	mit Quedlinburg gegen Krönungsevangeliar	*mit Krönungsevangeliar gegen Quedlinburg*	*mit beiden*	*gegen beide*
Vatic.	35	9	4310	17
Oettingen	28	16	4313	12
Wien 1193	24	20	4269	52
Paris 8849	26	18	4307	20
Clm 19 101	22	22	4303	24

In Wien 1193 ist ein fremder Einfluß zu spüren; er stammt vom alten Mondsee/Salzburger Text her, wie der Vergleich mit dem Millenarius von Kremsmünster beweist. Nur halb so stark ist der fremde Einfluß in Clm 19 101, das im übrigen genau in der Mitte zwischen Krönungsevangeliar und Lothartext steht. Diese Stellung reicht aus, um Clm 19 101 zum allernächsten Verwandten des Krönungsevangeliars zu machen. Da ist vielleicht eine Sonderbeziehung zu dieser individuellen Handschrift mit im Spiel; denn wenn der Vergleich von Quedlinburg und Clm 19 101 mit Abbeville gemacht wird, ergeben sich die Zahlen 31-21-23 statt 22-22-24 wie beim Krönungsevangliar. Zusammenfassend ist also zu sagen, daß in Salzburg zwei Texte vom Hof nachwirkten, einerseits der Lothartext, andererseits eine Zwischenstufe zwischen diesem und dem Krönungsevangeliar.

Nun ist aber endlich das Verhältnis Quedlinburgs zu jenen Handschriften zu untersuchen, die aus kunsthistorischen oder paläographischen Gründen mit ihm in Verbindung gebracht worden sind. Zunächst ist das Evangeliar Brüssel, Bollandisten 299 (Kat. Nr. 3), zu nennen, in dem wie in Quedlinburg der Schreibername Samuhel erscheint. Ihm folgt das Purpurevangeliar München Clm 23631 (Kat. Nr. 4) mit dem Monogramm Hanto. Als drittes schließt sich das Evangeliar der Sammlung Oettingen-Wallerstein I. 2. fol. 1. (Kat. Nr. 5) an, das früher ebenfalls mit dem Namen Samuhel verknüpft worden ist. Die Texte dieser drei Handschriften stimmen, wie folgt, mit Quedlinburg überein:

Hanto	4324 von 4366 Stellen = 99,0%
Brüssel	4300 von 4374 Stellen = 98,3%
Oettingen	4285 von 4374 Stellen = 98,0%

In der Rangliste der Verwandtschaften von Quedlinburg sind das die Plätze 53, 110 und 142, gewiß nicht die vordersten; immerhin scheinen sie nach den beachtlich hohen Prozentzahlen zum Wirkungsbereich des Krönungsevangeliars zu gehören, wenn auch nicht zu dessen spezifischer Ausprägung im Lothartext. Um klarer zu sehen, betrachten wir uns das Bild von der anderen Seite aus.

Die Liste der Hanto-Verwandtschaften wird vom Krönungsevangeliar mit 99,3% (4335 von 4367 Stellen) angeführt. In einem kleinen Abstand folgt Clm 19101 aus Salzburg mit 99,1% (4329 von 4367 Stellen), und dann kommen die uns schon bekannten Zeugen des Lothartextes, dazwischen Handschriften aus der Gruppe um das Krönungsevangeliar (Aachen) sowie der jüngeren Hofschule (Abbeville, auch Soissons).

Vom Krönungsevangeliar her gesehen, beginnt die Liste seiner Verwandten so:

Clm 19101	4343 von 4375 Stellen = 99,3%
Hanto	4335 von 4367 Stellen = 99,3%
Quedlinburg	4340 von 4374 Stellen = 99,2%
Urbinas	4337 von 4374 Stellen = 99,2%

Wie verhalten sich Krönungsevangeliar, Lothartext und Hanto zueinander? Die Antwort lautet, daß alle drei unter sich jeweils etwa den gleichen Abstand wahren:

Krönungsevangeliar mit Quedlinburg gegen Hanto	23
Krönungsevangeliar mit Hanto gegen Quedlinburg	23
Quedlinburg mit Hanto gegen Krönungsevangeliar	21

Aus diesem Befund ist zu schließen, daß in der Entwicklung des Textes vom Krönungsevangeliar zum Lothartext bzw. zu Hanto etwa auf dem halben Wege eine Zwischenstufe anzunehmen ist, von der einerseits Hanto, andererseits der Lothartext abzweigt, der sich von Quedlinburg zum Urbinas und zu Berlin theol. lat. fol. 260 weiterbildet. Außerdem ist an diesem Zwischenglied vorbei noch jeweils ein Direkteinfluß des Krönungsevangeliars bzw. anderer Exemplare des Hofschultextes der gleichen Stufe auf die zwei Linien von Abkömmlingen zu postulieren. Man könnte es sich also etwa folgendermaßen vorstellen:

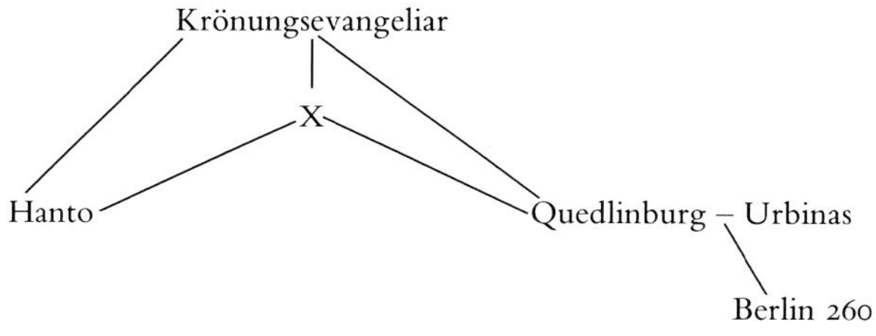

Das Bild scheint reichlich kompliziert. Aber es kommt noch schlimmer. Man könnte im obigen Schema an die Stelle des Lothartextes den Clm 19101 setzen; die Beziehungen der drei Ecken des Dreiecks zueinander blieben die Gleichen, wie folgende Zahlen anzeigen:

Krönungsevangeliar mit Clm 19 101 gegen Hanto	22
Krönungsevangeliar mit Hanto gegen Clm 19 101	24
Clm 19 101 mit Hanto gegen Krönungsevangeliar	22

Also ebenfalls jeweils gleich weite Abstände zwischen den drei Handschriften. Auch wenn wir in dem dreieckigen Schema den Lothartext durch Abbeville ersetzen, erhalten wir für Hanto und Clm 19 101 fast gleiche Ergebnisse. Clm 19 101 weicht vom gemeinsamen Text von Krönungsevangeliar und Abbeville 20mal ab, Hanto 22mal; mit Krönungsevangeliar gegen Abbeville geht Clm 19 101 34mal, Hanto 36mal; umgekehrt mit Abbeville gegen das Krönungsevangeliar Clm 19 101 24mal, Hanto 22mal. Clm 19 101 mag vielleicht um eine Idee näher beim Krönungsevangeliar stehen. Das obige zweidimensionale, flächige Modell für das Verhältnis der drei Handschriftengruppen Krönungsevangeliar, Hanto, Lothartext müßte man also zu einem dreidimensionalen, räumlichen Modell erweitern, wenn als vierte Größe Clm 19 101 hinzutritt. Vom Krönungsevangeliar und der Zwischenstufe aus müßten nach verschiedenen Richtungen drei ›Beine‹ sich so abspreizen, daß ihre Füße, die den Handschriften Clm 19 101, Hanto und Quedlinburg entsprechen, unter sich den gleichen Abstand halten.

In Wirklichkeit aber muß man noch mehr solche ›Beine‹ annehmen, d. h. ein Modell mit mehr als drei Dimensionen, um darin die jüngeren Handschriften der Hofschule (Abbeville, Harley 2788, Soissons, Lorsch) und die Gruppe um das Krönungsevangeliar (Aachen, Brescia, Brüssel), einen Teil der Salzburger und der bayerischen Handschriften, soweit sie nicht wie Clm 14 222 zum Lothartext gehören, unterbringen zu können. Wir dürfen auch nicht aus dem Auge verlieren, wie gering die Abstände zwischen den Handschriften sind; das zeigen schon die allgemein hohen Prozentzahlen, und Clm 19 101 wie Hanto und Lothartext stehen näher beim Krönungsevangeliar als Abbeville.

Wenn wir zur Samuhel-Handschrift in Brüssel übergehen, dann ist sogleich festzustellen, daß sie mehr für sich steht als Quedlinburg oder auch Hanto; die Liste der Verwandschaften beginnt erst mit 98,7%. Aber dann finden wir unsere alten Bekannten wieder, an der Spitze Clm 19 101 und Paris 8849 (die Salzburger Handschriften mit den speziellen Beziehungen zum Krönungsevangeliar), dann dieses selber und Hanto. Ihnen folgt die andere Gruppe der Salzburger Handschriften, und erst dann kommen die Vertreter des Lothartextes, zwischen denen Aachen und Abbeville eingestreut sind. Mit Zahlen belegen läßt sich dieses Bild durch die Vergleiche von jeweils drei Handschriften:

Krönungsevangeliar = Paris 8849 = Brüssel	4275
Krönungsevangeliar = Clm 19 101 = Brüssel	4273
Krönungsevangeliar = Hanto = Brüssel	4259
Krönungsevangeliar = Quedlinburg = Brüssel	4267
Krönungsevangeliar mit Paris 8849 gegen Brüssel	51
Krönungsevangeliar mit Clm 19 101 gegen Brüssel	53
Krönungsevangeliar mit Hanto gegen Brüssel	55
Krönungsevangeliar mit Quedlinburg gegen Brüssel	60
Krönungsevangeliar mit Brüssel gegen Paris 8849	16
Krönungsevangeliar mit Brüssel gegen Clm 19 101	18
Krönungsevangeliar mit Brüssel gegen Hanto	18
Krönungsevangeliar mit Brüssel gegen Quedlinburg	23
Krönungsevangeliar gegen Brüssel = Paris 8849	30
Krönungsevangeliar gegen Brüssel = Clm 19 101	28
Krönungsevangeliar gegen Brüssel = Hanto	26
Krönungsevangeliar gegen Brüssel = Quedlinburg	21

Ist es der gleiche Samuhel, der sowohl Quedlinburg wie Brüssel geschrieben hat? Auf diese Frage kann die Untersuchung des Textes keine Antwort geben; denn es ist ebenso gut möglich, daß der gleiche Schreiber zwei verschiedene Vorlagen abgeschrieben hat, wie daß zwei verschiedene Schreiber die gleiche Vorlage benützt haben. Aber eine Antwort ist möglich auf die Frage, ob die beiden Samuhel-Handschriften nach derselben Vorlage geschrieben wurden. Es war nicht dieselbe Vorlage, aber die beiden Vorlagen waren eng verwandt. Beide enthielten eine Ableitung aus dem Krönungsevangeliar; Quedlinburg folgt getreu dem Text, den die Hofschule Kaiser Lothars übernahm, Brüssel einer Vorlage, die auch im Salzburger Raum abgeschrieben wurde.

Zum Schluß ist noch das Evangeliar Augsburg, Slg. Oettingen-Wallerstein I. 2. fol. 1, kurz zu untersuchen. Die Liste seiner Verwandtschaften setzt erst mit 99,2% ein und steigt verhältnismäßig rasch ab. Der Befund ist eindeutig. Als nächster Verwandter erweist sich auch für den Text das Evangeliar in Gannat (s. Kat. Nr. 5).

Dieser Text stammt aus einer Handschrift der Hofschule, die der Entwicklungsstufe Lorsch-Soissons zuzuordnen ist. Lorsch und Soissons stehen auf Platz 3 und 6 der Liste; Aachen nimmt Platz 9 ein; Darmstadt 1957 auf Platz 5 ist wahrscheinlich eine in Lorsch entstandene Abschrift des Lorscher Evangeliars. Das gleiche gilt für die eng verwandte Handschrift in der Sammlung Ludwig, jetzt im Museum J. P. Getty, die in Lorsch für Bischof Folcwich von Worms gefertigt worden ist; sie steht auf Platz 8.

Folgende Tafel der Übereinstimmungen der besonders behandelten Handschriften kann nach den vorausgegangenen Untersuchungen einen gewissen Überblick bieten:

	Krön.	*Lorsch*	*Quedl.*	*Hanto*	*Brüssel*	*Oett.*
Krönungsevangeliar		98,6 %	99,2 %	99,3 %	98,5 %	97,9 %
Lorsch	98,6 %		98,8 %	98,5 %	97,9 %	98,6 %
Quedlinburg	99,2 %	98,8 %		99,0 %	98,3 %	98,0 %
Hanto	99,3 %	98,5 %	99,0 %		98,5 %	97,8 %
Brüssel	98,5 %	97,9 %	98,3 %	98,5 %		97,2 %
Oettingen	97,9 %	98,6 %	98,0 %	97,8 %	97,2 %	

Offensichtlich geht es nur um kleine Differenzen zwischen Handschriften, die miteinander eng verwandt sind. Sie werden in der Tabelle ausgedrückt durch Durchschnittswerte für alle zwölf Probeabschnitte; die Unterschiede bleiben geringer als die Variationsbreite, die innerhalb einer Handschrift zwischen den verschiedenen Abschnitten besteht. Weil es vielerlei Kreuz- und Querverbindungen gibt, kann kein Stemma der Handschriften oder Texte gezeichnet werden; es müßte multidimensional sein. Jedoch ist eine gewisse Gesamtschau möglich, die sich folgendermaßen zusammenfassen läßt:

Den Anstoß zur Fortentwicklung des Hoftextes gibt das Krönungsevangeliar. Ihm am engsten verbunden bleiben einerseits das Salzburger Evangeliar Clm 19 101 und in etwas andere Richtung Hanto; ein Stück abgesetzt davon gehört auch das Samuhel-Evangeliar in Brüssel hierher. Andererseits steht kaum weiter entfernt der Lothartext. Er bildet eine feste Untergruppe und findet weite Verbreitung nicht nur in den Handschriften der Hofschule Kaiser Lothars, sondern auch in Quedlinburg und Clm 14 222, im maßgebenden Modell der frankosächsischen Schule, in weiteren Handschriften des westfränkischen und mehr noch des ostfränkischen Raumes, und hier vor allem im Süden und Südwesten; speziell in Salzburg ist er im Vatic. lat. 7224–7225 und Wien 1193 neben dem vorhin erwähnten Typ Clm 19 101 anzutreffen. Noch etwas weiter weg und wieder in andere Richtung ist die Entwicklung in Aachen gegangen, anders und noch weiter in Abbeville, und dann in der jüngeren Hofschule Lorsch und Soissons. Auch davon gibt es wieder Abkömmlinge verschiedener Art. Zu ihnen zählt auch das Evangeliar I. 2. fol. 1 der Sammlung Oettingen-Wallerstein mit seinen Verwandten Gannat und Hamilton 249.

Damit soll keineswegs behauptet werden, daß es nicht noch andere Abkömmlinge des Textes gibt, den das Krönungsevangeliar bietet. Außerdem sind die genannten Ableitungen nicht hermetisch gegeneinander abgedichtet, es geht in den einzelnen Texten eher um ein Vorherrschen der Lesarten des einen oder anderen Zweiges, wobei immer wieder Querverbindungen und Rückgriffe auf ältere Stadien vorkommen. Möglich ist etwas Derartiges nur in einem großen und einflußreichen Zentrum, am ehesten am Hofe. Diese Entwicklungen liefen dort sicher schon zu Lebzeiten Kaiser Karls, brachen aber mit seinem Tod Ende Januar 814 nicht unvermittelt ab, sondern müssen unter seinem Nachfolger weitergegangen sein.

Anmerkungen

1 Dazu vgl. den Beitrag von F. Mütherich (oben S. 23 ff.).

2 P. Corssen in: Die Trierer Ada-Handschrift. Bearb. u. hrsg. von K. Menzel, P. Corssen, H. Janitschek, A. Schnütgen, F. Hettner, K. Lamprecht (Publikationen der Gesellschaft für Rheinische Geschichtskunde 6). Leipzig 1889, S. 29-61.

3 W. Koehler, Die karolingischen Miniaturen I. Die Schule von Tours, 1. Teil: Die Ornamentik. Berlin 1930, 2. Teil: Die Bilder. 1933; III, 1. Teil: Die Gruppe des Wiener Krönungsevangeliars. 1960, S. 38-42: Der Text der Evangelien; W. Koehler – F. Mütherich IV. Die Hofschule Kaiser Lothars. 1971, S. 24-28: Die Texte 1. Die Evangeliare.

4 B. Fischer, Die lateinischen Evangelien bis zum 10. Jahrhundert I-III (Vetus Latina. Aus der Geschichte der lateinischen Bibel 13. 15. 17). Freiburg 1988-1990. Zu den Einzelheiten des Projekts vgl. die Einleitung der bisher erschienenen Bände.

5 Zur Lothargruppe vgl. W. Koehler – F. Mütherich (Anm. 3).

6 Die Beweise, zu denen längere Tabellen und Listen erforderlich sind, können hier nicht ausgebreitet werden; sie werden an anderer Stelle veröffentlicht. Das gilt auch für die weiteren Ausführungen in diesem Aufsatz.

7 Vgl. B. Fischer, Lateinische Bibelhandschriften im frühen Mittelalter (Vetus Latina. Aus der Geschichte der lateinischen Bibel 11). Freiburg 1985, S. 330. Vergleichbar ist auch das hin und her bei den Vorstücken zu den Evangelien in den Handschriften, die zum Einflußbereich des karolingischen Hofes gehören.

Buchdeckel des Quedlinburger Evangeliars

Niedersachsen (Halberstadt oder Quedlinburg), um 1225/30

Eichenholzkern; Silberblech getrieben, ziseliert und vergoldet; Filigran Silber vergoldet; Steinschmuck; Perlen; Goldzellenschmelz. 372 x 279 mm.

DIETRICH KÖTZSCHE

Der Buchdeckel des Quedlinburger Evangeliars

Wie die beiden anderen, jüngeren Handschriften im Schatz der ehemaligen Stiftskirche St. Servatius in Quedlinburg, das um 1000 geschriebene Evangeliar[1] und das Evangelistar aus dem frühen 16. Jahrhundert[2], so hat auch der Einband des karolingischen Evangeliars einen mit Goldschmiedearbeit reich geschmückten Vorderdeckel[3]. Dieser ist der Handschrift erst später, sicher anstelle eines älteren Einbandes, hinzugefügt worden. Er gehört zu den wichtigsten Zeugnissen der Goldschmiedekunst des frühen 13. Jahrhunderts in Norddeutschland (Abb. S. 42, Tafel 1).

Das vertiefte, an allen Seiten abgeschrägte Mittelfeld nimmt ein in zwei Teilen gearbeitetes, in vergoldetem Silberblech getriebenes Relief auf. Es zeigt oben die frontal sitzende Muttergottes auf einem Kastenthron mit hoher Rückenlehne. Die Darstellung folgt einem bereits im 6. Jahrhundert in Byzanz ausgebildeten Typus der Muttergottes, der Maria als Thron des Christuskindes zeigt. Es sitzt in herrscherlicher Haltung auf ihrem Schoß, die Rechte gebietend erhoben, in der Linken eine Buchrolle. Die Muttergottes ist von einer Mandorla aus kleinteiligem Filigran umgeben, das abwechselnd Granate und Almandine in einfachen Kastenfassungen zieren. Den Nimbus Marias bildet ebenfalls ein Filigrankranz mit Türkis, Perle und Karneol. Die Mandorla kennzeichnet die himmlische Sphäre der Thronenden. Sie erhöht sie im Rang über die im unteren Teil des Bildfeldes sich gegenüberstehenden zwei Bischöfe, beide in pontifikalem Ornat, mit Mitra und Pedum, von denen der linke nur Albe und Kasel trägt, der andere Albe, Dalmatika, Kasel und Amikt. Beide Bischöfe sind weder inschriftlich bezeichnet, noch durch ein besonderes Attribut charakterisiert.

Bei den beiden Bischöfen wird es sich kaum, wie man zunächst vermuten könnte, um Darstellungen von Stiftern dieses Einbandes handeln, fehlt ihnen doch jeder entsprechende Hinweis in Haltung und Gebärde. Eher werden die beiden wichtigsten Patrone des Quedlinburger Stiftes gemeint sein, der hl. Servatius und der hl. Dionysius[4], die zu Füßen der Muttergottes stehen.

Maria und Servatius werden im Jahre 937, ein Jahr nach der durch Königin Mathilde erfolgten Gründung des Kanonissenstiftes in Quedlinburg, zum ersten Mal als Patrone der Stiftskirche in einer Urkunde Ottos I. genannt[5]. Servatiusreliquien soll bereits König Heinrich I. aus Maastricht nach Quedlinburg gebracht haben, und zwar Stola und Stab des Heiligen[6]. Der heute im Schatz der Quedlinburger Servatiuskirche verwahrte sog. Äbtissinnenstab gilt seit alters als ›Stab des heiligen Servatius‹[7]. Von Otto I. wird sogar berichtet, daß er den Leib des hl. Servatius in Maastricht geraubt und nach Quedlinburg gebracht habe, doch sei der Heilige von den Maastrichtern dann wieder zurückgeholt worden[8].

Ein Dionysius-Patrozinium für die Quedlinburger Stiftskirche, verbunden mit jenem des Servatius, ist erstmalig zum Jahre 968 vermerkt[9]. Thietmar von Merseburg berichtet zum Jahre 925, daß König Heinrich damals in Zusammenhang mit der Rückgewinnung Lothringens für das Ostreich als Dank für Hilfe, die er dem westfränkischen König Karl III., dem Einfältigen, hatte zuteil werden lassen, von diesem die rechte Hand des hl. Dionysius erhalten habe[10]. Ein Reliquiar für die Hand des Heiligen erscheint zuletzt 1544 im Servatius-Schatz[11], und noch nach 1710 ist in einem Reliquienverzeichnis der

Quedlinburger Servatiuskirche ein »Daumen Dionysii, dem zu Ehren das Stifft geweihet« aufgeführt[12]. Reliquien des hl. Servatius und des hl. Dionysius gehörten jedenfalls zum ältesten Bestand des Schatzes der Quedlinburger Stiftskirche.

Den breiten Rahmen[13], der das Mittelfeld mit dem Relief umgibt, überzieht ein sich in Ranken lebhaft verzweigendes, dabei nicht immer sehr regelmäßig geordnetes Filigran aus vergoldetem Silber so dicht, daß es den Grund kaum durchscheinen läßt. Es ist mit verschiedenem Steinschmuck und neun kleinen Emails in Goldzellenschmelz besetzt. In den quadratischen Eckfeldern des Rahmens, die durch schmale Leisten an allen vier Seiten noch zusätzlich hervorgehoben sind, löst sich das Filigran, teils schneckenförmig, leicht vom Grund. Dagegen liegt es in den breiten Leisten, die die Eckfelder miteinander verbinden und die lediglich an den Längskanten durch schmale Leisten eingefaßt sind, durchgehend flach auf[14].

Der auf den seitlichen Streifen unregelmäßig angeordnete Steinschmuck zeigt bei allen größeren Steinen eine Form der Kastenfassung, die man wohl am ehesten als eine Art ›Muldenfassung‹ bezeichnen kann. Sie ist ähnlich aus der karolingischen Goldschmiedekunst bekannt[15], in dieser Region im frühen 13. Jahrhundert anderweitig jedoch nicht zu beobachten. Wiederholt, und fast ausschließlich, kehrt sie zwischen 1220 und 1240 an Goldschmiedearbeiten wieder, die mit Trier zu verbinden sind[16]. Die schmalen Leisten, die die Eckfelder rahmen und die breiten Zwischenstücke säumen, haben dagegen insgesamt, wegen der geringeren Größe der Steine und Perlen, einfache Kastenfassungen mit schmuckloser Zarge, wie sie damals überwiegend verbreitet waren.

Als Steinschmuck[17] finden sich vor allem Granate, Almandine, Saphire, Smaragde, Amethyste verschiedener Form und Größe, vereinzelt auch Koralle und Perlmutt, außerdem zwei Glaspasten und eine größere Zahl von Perlen, die überwiegend durchbohrt sind. Von den Steinen zeigen mehrere Durchbohrungen in der Längsachse. Besonders fällt der an beiden Seiten gebohrte, sehr schöne, halbmondförmige Schichtachat auf.

Ein besonderes Schmuckelement sind die neun älteren Emails in Goldzellenschmelz[18], die sicher aus verschiedenem Zusammenhang kommen und die man als Spolien wiederverwendet hat[19]. Sie wurden dem Steinschmuck gleich erlesenen Juwelen eingefügt, um die Wirkung der Kostbarkeit des Buchdeckels noch zu erhöhen[20]. Im Unterschied zum Steinschmuck haben sie, ihrer Form gemäß, sämtlich einfache Kastenfassungen mit glatter, schmuckloser Zarge[21]. In den kürzeren Mittelstücken des Filigranrahmens, oben und unten, ist jeweils ein kreisrundes, in Senkschmelz gearbeitetes Medaillon angebracht, oben mit dem Brustbild Christi als Pantokrator, unten mit dem Brustbild der Muttergottes als Orans[22], beide mit rot emaillierten Inschriften in griechischen Buchstaben als »Jesus Christus« bzw. »Mutter Gottes« bezeichnet. Es handelt sich um byzantinische Arbeiten[23]. Die gleiche charakteristische Art der Wiedergabe der Gesichter allein durch Stege, teilweise auch die Farbigkeit, kehren z. B. in einigen Senkschmelzen an der Fassung des sog. Patriarchenkelches im Schatz von San Marco in Venedig wieder, die dem späten 10./frühen 11. Jahrhundert angehören[24].

Kreisrunde Goldzellenemails sind auch in den Eckfeldern angebracht: oben rechts in Senkschmelz ein etwas seltsam gebildetes Evangelistensymbol, halb Stier, halb Löwe, nimbiert und geflügelt, in den Vorderläufen das Buch; unten rechts, in Vollschmelz, eine Ente mit einem stilisierten Blatt im Schnabel und einem breiten Band, das im Nacken aufwärts flattert[25]; links unten, ebenfalls in Vollschmelz, ein fächerförmig gefiedertes Ziermotiv. Den drei Medaillons entsprach im oberen linken Eckfeld sicher ein viertes, wie die große, ehemals gleichfalls kreisrunde, jetzt stark verbogene Fassung erkennen läßt.

Reliquientafel. Halberstadt, Domschatz, Nr. 46

Niedersachsen (Halberstadt?), nach 1225

Eichenholzkern; Silber, teilweise gepreßt und vergoldet; Filigran Silber vergoldet; Steinschmuck; Perlen; Goldzellenschmelz; Niello; Bergkristall geschnitten und geschliffen. 450 x 390 mm.

Foto: Klaus G. Beyer, Weimar

Die drei Goldzellenemails gehörten ehemals sicher zu verschiedenen Gegenständen. Sie zeigen, jedes für sich, auch das fächerförmige Ziermotiv, daß es sich wohl mit ziemlicher Sicherheit durchweg um westliche Arbeiten des späten 10./frühen 11. Jahrhunderts handelt, die jedoch örtlich und zeitlich im einzelnen noch nicht genauer bestimmt werden konnten.

Das gilt auch für die vier gleichen, in ihrer schaufelartigen Form ganz ungewöhnlichen Vollschmelze, von denen jeweils zwei den seitlichen Rahmenleisten eingefügt sind. Das Grundmuster aus kräftigen und breiten, massiv aus Gold gebildeten Stegen ist einer Leiter mit eingestellten Bögen ähnlich[26]. Solche massiven Goldstege sind offenbar nicht häufig. Sie lassen sich vornehmlich an oberitalienischen Goldschmiedearbeiten des 11. Jahrhunderts feststellen, dort jedoch nicht so sehr als gliederndes Element, sondern eher als eigenständige Zierform[27].

Die beiden byzantinischen Emails könnten zu einem Ikonenrahmen, einem Buchdekkel oder auch einer Kelchfassung gehört haben. Nur für das Evanglistensymbol ergibt sich zwangsläufig, daß ihm noch weitere drei entsprochen haben. Sie könnten, wie vielleicht auch ein Teil des Steinschmuckes, zu einem Vorgänger des jetzigen Einbandes gehört haben.

Ganz ungewöhnlich ist an diesem Buchdeckel, daß das Filigran in verhältnismäßig großen Flächen ohne Rezipient, als sog. Zellenfiligran, gearbeitet ist. Dieses tritt im 12. und in der ersten Hälfte des 13. Jahrhunderts in der Goldschmiedekunst nur sehr vereinzelt und stets in schmaleren Streifen oder in wesentlich kleineren Abschnitten auf[28]. Es liegt dann auch nicht so flach dem Grund auf wie am Quedlinburger Buchdeckel. Das Filigran ist ohne jede Zwischenfolie direkt auf den Eichenholzkern montiert, was durch die Dichte des Filigrans nicht auf den ersten Blick erkennbar ist. Vielleicht war deshalb eine Folie nicht notwendig. Von einer Stoff- oder Lederunterlage hätten sich zumindest an den Rändern des Reliefs im Mittelfeld Spuren oder Reste finden lassen müssen. Der Befund des Holzkerns, die Anzahl und die Position der Nagellöcher erweisen die jetzige Montierung der Metallbeschläge als die ursprüngliche, sie scheint im wesentlichen ungestört geblieben zu sein. Dies wird durch die Art und Weise bestätigt, wie die Metallunterlage an der Fehlstelle im Filigran in der Ecke oben links eingefügt ist und wie vereinzelte Fassungen und Filiganteile, die sich im Laufe der Zeit gelöst hatten oder abgebrochen waren, befestigt worden sind.

Bemerkenswert ist ferner, daß es zunächst den Anschein hat, als seien die beiden breiten seitlichen Filigranleisten am Quedlinburger Buchdeckel in der Mitte durchschnitten. Doch gibt es auch dafür keinen Anhaltspunkt, daß dort nachträglich etwas verändert worden ist, sei es bei einer späteren Montierung, sei es bei einer Änderung der Konzeption während der Arbeit an den Filigranplatten des Buchdeckels. Der Grund für diese ›Fugen‹ gerade in der Mitte der beiden Filigranleisten wird am ehesten arbeitstechnisch zu erklären sein. Offensichtlich war es nicht möglich, ›Zellenfiligran‹ in der hier benötigten Größe, vor allem in dieser Länge, in einem Stück anzufertigen, ohne daß die Platten sich verzogen oder verbogen hätten. So blieb nur der Ausweg, sie in dieser Breite in einzelnen kürzeren Stücken herzustellen und dann zusammenzufügen, wobei sie an den Enden jeweils entsprechend zugerichtet werden mußten[29].

In den Formen, wie in der Technik, völlig gleich gearbeitetes, insgesamt jedoch konsequenter und regelmäßiger geordnetes Filigran findet man nun in nächster Nähe von Quedlinburg, und zwar an der großen Reliquientafel im Domschatz in Halberstadt (Abb. S. 45)[30]. Dort schmückt den breiteren äußeren und den schmaleren inneren Rahmen gleichfalls durchweg flach aufliegendes und dicht verzweigtes Filigran, das ebenso Steinschmuck verschiedener Form und Größe sowie mehrere Goldzellenemails aufnimmt, dort aber in einfachen und schmucklosen Kastenfassungen. Wie der Quedlinburger Buchdeckel, so zeigt auch die Halberstädter Reliquientafel in den Filigranleisten, vor allem in den breiten äußeren, mehrfach ›Fugen‹, was wiederum zunächst den Eindruck erweckt, als sei das Filigran an diesen Stellen nachträglich durchschnitten. Es ist jedoch der gleiche Befund wie am Buchdeckel festzustellen, nämlich, daß das Filigran ebenfalls ohne Rezipient als ›Zellenfiligran‹ gearbeitet und in mehreren größeren und kleineren Stücken angefertigt worden ist. Die Teilstücke hat man dann entsprechend aneinander gepaßt, wobei verschiedentlich Filigranvoluten gestaucht worden sind.

Anders als am Quedlinburger Buchdeckel sind die Filigranplatten an der Reliquientafel in Halberstadt nicht direkt auf den bloßen Holzkern montiert. Auf diesem liegt vielmehr zunächst eine glatte, separat gearbeitete Folie aus vergoldetem Silberblech, die mit den Filigranplatten aber nicht verlötet, sondern mit ihnen zusammen auf dem Holzkern mit Nägeln befestigt ist. Das gibt zunächst den Anschein, als habe das Filigran einen Rezipienten.

Für die Reliquientafel sind wie für den Buchdeckel Spolien wiederverwendet worden, und zwar auf dem äußeren Rahmen vier in Muster, Farbe und Form gleiche Goldzellenemails in Vollschmelz, auf dem inneren Rahmen zwei kleinere, unterschiedliche Goldzellenemails, die sicher alle aus ottonischer Zeit stammen[31], außerdem zwei größere Steinschnitte, ein Löwenkopf in Bergkristall, wohl eine byzantinische Arbeit vom Ende des 10. Jahrhunderts[32], und ebenfalls in Bergkristall, der spätkarolingische Siegelstempel eines Abtes Theodulf[33].

Dem Buchdeckel und der Reliquientafel läßt sich eine weitere Goldschmiedearbeit im Halberstädter Domschatz mit gleichem Filigran anschließen. Es ist das Armreliquiar des hl. Nikolaus. Wie an der Reliquientafel zeigt der Steinschmuck von verschiedener Art und Größe, darunter ein antiker Intaglio[34], durchweg einfache Kastenfassungen mit schmuckloser Zarge. Die Fingerreliquie des hl. Nikolaus, die unter einem großen ovalen Bergkristall sichtbar geborgen ist, kam nach urkundlichem Zeugnis aus dem Nachlaß des Konrad von Krosigk, Bischofs von Halberstadt (1201-1208), erst im Jahre 1225 in den Halberstädter Dom[35].

Die reichliche Wiederverwendung von erlesenen Spolien, vor allem von Goldzellenemails, die dem Steinschmuck stets als besondere Kostbarkeiten an hervorragender Stelle eingefügt wurden, begegnet an Goldschmiedearbeiten aus den ersten Jahrzehnten des 13. Jahrhunderts in dieser Region wesentlich häufiger als sonst im nördlichen Deutschland, wie am sog. Reliquienkasten Ottos I., der auf Veranlassung der Quedlinburger Äbtissin Agnes II. (1184-1203) mit älteren, sicher ebenfalls ottonischen Emails neu montiert worden ist[36], und am sog. Reliquienkasten Heinrichs I., wohl aus dem dritten Jahrzehnt des 13. Jahrhunderts, an dem ältere Elfenbeinarbeiten verschiedener Herkunft in einer zeitgenössischen Fassung zusammengefügt worden sind[37].

Dies allein schon, vor allem aber die unmittelbare Beziehung der Filigranarbeit am Quedlinburger Buchdeckel zu der an der großen Reliquientafel und zum Armreliquiar des hl. Nikolaus in Halberstadt, deuten auf ihre gemeinsame Herkunft aus einer in dieser Region arbeitenden Werkstatt hin. An welchem Ort sie damals tätig war, ob in Quedlinburg oder in Halberstadt, läßt sich kaum entscheiden.

Auf Quedlinburg als Entstehungsort des Buchdeckels deutet vielleicht die Marienfigur, die sich im Schatz der Quedlinburger Servatiuskirche fast identisch noch einmal wiederholt, und zwar als Halbfigur an der Vorderseite des sog. Reliquienkastens Heinrichs I., dort als Relief in dünnem Silberblech[38]. Beide Darstellungen scheinen einem damals in Quedlinburg besonders verehrten Marienbild zu folgen; sie sind aber nicht, wie man zunächst vermuten könnte, in demselben Model hergestellt. Sieht man genauer hin, so weichen beide Darstellungen in Einzelheiten voneinander ab. Hinzu kommt, daß das Silberblech im Mittelfeld des Buchdeckels für eine Bearbeitung im

Model bei weitem zu stark ist. Es kann sich deshalb nur um eine Treibarbeit handeln, was ebenso für die beiden Bischofsfiguren gilt[39].

Für die große Reliquientafel in Halberstadt darf wohl vorausgesetzt werden, daß sie erst in Auftrag gegeben worden ist, als die heute noch darin bewahrte Reliquie der Dornenkrone Christi zusammen mit mehreren Apostelreliquien – und der bereits genannten Fingerreliquie des hl. Nikolaus – aus dem Nachlaß des Konrad von Krosigk im Jahre 1225 der Halberstädter Bischofskirche zugewiesen wurde[40]. Erst damals wird die Reliquientafel angefertigt worden sein, unter Einbeziehung der bereits 1208 von Konrad von Krosigk selbst seiner Bischofskirche geschenkten Reliquien[41], die er zusammen mit anderen Heiltümern im Jahre 1205 vom vierten Kreuzzug nach Halberstadt mitgebracht hatte[42], darunter eine Kreuzreliquie in einer argentea tabula »honorifice repositum et servatum«. Eine so hochrangige Reliquie wie die der Dornenkrone Christi, die in der Urkunde von 1225 an erster Stelle der Reliquien genannt ist, und die zusammen mit ihr hinzugekommenen Apostelreliquien hat man sicher nicht nachträglich einer schon vorhandenen Reliquientafel einfach eingefügt. Sie wird aus Anlaß des 1225 erfolgten Zuwachses von wichtigen Reliquien angefertigt worden sein. Damals hat man die Reliquie der Dornenkrone mit der Kreuzreliquie und dem sicher zu ihr gehörenden Nielloplättchen mit der Darstellung des Gekreuzigten[43] in der großen Reliquientafel verbunden[44]. Dafür spricht auch ihre Form, denn bei den frühen Beispielen dieses im Westen seit dem Beginn des 13. Jahrhunderts aufkommenden Typus des tafelförmigen Reliquiars sind die Gefache für die Reliquien – mit Ausnahme der Kreuzreliquie – zunächst noch dem Blick verschlossen. Sie öffnen sich erst im weiteren Verlauf der Entwicklung zu einer ›Schauwand‹[45], in der dann auch die Nebenreliquien samt ihren Authentiken sichtbar werden, wie hier an der großen Reliquientafel im Domschatz in Halberstadt. Vieles spricht also für ihre Entstehung im Jahre 1225 oder bald danach, was sich auch mit dem stilgeschichtlichen Befund der sonst in dieser Gegend erhaltenen Goldschmiedearbeiten dieser Zeit sehr gut vereinbaren läßt. Die enge Verbindung des Quedlinburger Buchdeckels zur Halberstädter Reliquientafel erlaubt es, auch diesen zeitlich genauer einzugrenzen. Es mag kein Zufall sein, daß eine Schwester des Konrad von Krosigk, Bertradis (Beatrix), gerade in dieser Zeit, von 1225 bis 1229/30, die 13. Äbtissin des Quedlinburger Stiftes war[46]. Sie könnte die Auftraggeberin des neuen Buchdeckels für das karolingische Samuhel-Evangeliar gewesen sein, der sicher an die Stelle eines älteren, vielleicht beschädigten oder nur unzeitgemäß gewordenen getreten ist[47].

Anmerkungen

1 A. Brinkmann, Beschreibende Darstellung der älteren Bau- und Kunstdenkmäler des Kreises Stadt Quedlinburg 1 (Beschreibende Darstellung der älteren Bau- und Kunstdenkmäler der Provinz Sachsen 33, 1). Berlin 1922, 131 f., Taf. 15.

2 Brinkmann (Anm. 1), S. 132 f., Taf. 16.

3 J.-J. Marquet de Vasselot, Le trésor de l'abbaye de Quedlinburg, in: Gazette des Beaux-Arts 40, 1898, S. 310 f. – M. Creutz, Kunstgeschichte der edlen Metalle (H. Lüer u. M. Creutz, Geschichte der Metallkunst 2). Stuttgart 1909, S. 173. – Brinkmann (Anm. 1), S. 128 ff., Taf. 16. – P. J. Meier, Die Kirchen in Quedlinburg. Burg b. Magdeburg 1932, S. 22. – H. Wentzel, Das byzantinische Erbe der ottonischen Kaiser – Hypothesen über den Brautschatz der Theophanu, in: Aachener Kunstblätter 43, 1972, S. 40 f.

4 So bereits Meier (Anm. 3), a. a. O.

5 Die Urkunden Konrad I., Heinrich I. und Otto I. (MGH Diplomata regum et imperatorum Germaniae 1). Berlin 1879 (Neudruck 1956), Nr. 18; vgl. zuletzt R. Kroos, Der Schrein des heiligen Servatius in Maastricht und die vier zugehörigen Reliquiare in Brüssel (Veröffentlichungen des Zentralinstituts für Kunstgeschichte 8). München 1985, S. 43.

6 H. Lorenz, Die Schicksale des Quedlinburger Domschatzes, in: Sachsen und Anhalt 6, 1930,

S. 244. – Kroos (Anm. 5), a. a. O. – K. Voigtländer, Die Stiftskirche St. Servatii zu Quedlinburg. Berlin 1989, S. 197.

7 A. M. Koldeweij, Der gude Sente Servas. Assen-Maastricht o. J. (1985), S. 142 ff. – Kroos (Anm. 5), a. a. O. – Lorenz (Anm. 6), a. a. O. – Voigtländer (Anm. 6), a. a. O.

8 Kroos (Anm. 5), a. a. O. – Voigtländer (Anm. 6), S. 184.

9 Annalista Saxo a. 968 (MGH SS 6, S. 621) »cenobium sanctorum Dionisii et Servatii in monte Quidelingeburch«; auch Annales Magdeburgenses a. 968 (MGH SS 16, S. 148).

10 Thietmar von Merseburg, Chronicon/Chronik, neu übertr. u. erl. v. W. Trillmich (Ausgewählte Quellen zur deutschen Geschichte des Mittelalters – Freiherr vom Stein-Gedächtnisausgabe 9). Darmstadt [6]1985, S. 26/27.

11 Lorenz (Anm. 6), S. 234. – Voigtländer (Anm. 6), S. 196.

12 Voigtländer (Anm. 6), S. 185.

13 Der Eichenholzkern des Buchdeckels ist an den Außenkanten mit glattem Silberblech beschlagen; Reste eines gleichen Beschlages auch an den Kanten des Rückdeckels, der mit rot gefärbtem, schmucklosem Schafsleder (wohl spätmittelalterlich) bedeckt ist; den Buchrücken (Ende 19. Jh.) bildet schwarzbraun gefärbtes Ziegenleder über einem dunkelblauem Stoff, vermutlich Baumwolle.

14 Aufnahmen des Buchdeckels vor 1939 (Stoedtner Nr. 10933, Kliche, Bissinger, Foto Marburg Nr. 62032) lassen deutlich erkennen, daß alle Fehlstellen im Filigran, insbesondere in den beiden oberen Eckfeldern, am linken unteren Eckfeld und in der schmalen äußeren linken Rahmenleiste oben, bereits früher vorhanden waren. Den gleichen Zustand gibt, darin wohl annähernd zuverlässig, auch die Bleistiftzeichnung des Buchdeckels von W. Steuerwaldt aus dem Jahre 1855 wieder (Berlin, Kunstbibliothek Staatliche Museen, K 4017 mtl); vgl. auch W. Steuerwaldt u. C. Virgin, Die mittelalterlichen Kunstschätze im Zittergewölbe der Schloßkirche zu Quedlinburg. Quedlinburg o. J., Taf. 2. Auch die Schließen des Einbandes sind schon früher in Verlust geraten, vgl. die genannte Zeichnung von W. Steuerwaldt.

15 So z. B. am Bursenreliquiar aus Enger (Berlin, Kunstgewerbemuseum Staatliche Museen) und an der Stephansbursa (Wien, Kunsthistorisches Museum, Weltliche Schatzkammer).

16 So z. B. am Kreuzreliquiar in St. Matthias in Trier oder am Schrein des hl. Potentinus aus Steinfeld in der Eifel in Paris, Musée du Louvre, sowie am Vorder- und Rückdeckel von zwei zu derselben Gruppe gehörenden Bucheinbänden in Manchester, John Rylands Library, aus Trier, dort neben einfachen Kastenfassungen, und in Paris, Musée de Cluny. Vgl. H. Schnitzler, Rheinische Schatzkammer. Die Romanik. Düsseldorf 1959, S. 15: s. auch D. Kötzsche in: (Ausstellungskat.) Die Zeit der Staufer 1. Stuttgart 1977, S. 430.

17 Die in Anm. 14 zitierten Photographien und die ebd. genannte Zeichnung von W. Steuerwaldt zeigen, daß vom Steinschmuck schon früher mehrere Stücke fehlten. Seitdem sind drei weitere Steine abhanden gekommen: der in der Mitte des linken oberen Eckfeldes anstelle eines verlorenen Emails in dessen Fassung später eingefügte walzenförmig geschliffene Stein mit seiner Fassung; der ovale Stein am linken unteren Ende der linken Rahmenleiste; ein antiker Intaglio mit dem Bild eines windhundähnlichen Tieres im rechten unteren Eckfeld.

19 Beschreibung der Emails bei Brinkmann (Anm. 3), S. 130, der sie sämtlich für byzantinische Arbeiten der »Wende des 13. Jahrhunderts« hält.

20 Die heute vorhandenen Fehlstellen in den Emails, auch die Risse und Fehlstellen an ihren Fassungen, sind ältere Schäden, die durch die Anm. 14 zitierten Photographien zuverlässig dokumentiert sind.

21 Die Fassungen für den Steinschmuck wie für die Goldzellenemails haben hier in der Regel keinen geschlossenen Boden, wie es sonst üblich ist. Sie sind lediglich durch einen oder zwei, mehr oder minder breite, zumeist mit der Zarge nicht besonders sorgfältig verlötete Streifen aus Silber in ihrer Form fixiert. – Der gesamte Steinschmuck und ebenso die Goldzellenemails haben eine ziemlich hohe Unterfüllung von Leinenstoff, bei der es sich, wie der Befund zeigt, nur um die ursprüngliche handeln kann. Allem Anschein nach machte die Höhe der Fassungen eine derartige Unterfüllung erforderlich.

22 Auf dem Maphorion, dem über den Kopf gezogenen Mantel der Maria, geben die vier in das Schmelzwerk eingelassenen Goldpunkte das dort sonst übliche Kreuz wieder, ein Charakteristikum byzantinischer Muttergottes-Darstellungen seit dem 6. Jahrhundert; dazu J. Engemann, Das Kreuz auf spätantiken Kopfbedeckungen (Cuculla – Diadem – Maphorion), in: Theologia crucis – Signum crucis. Festschrift für Erich Dinkler. Tübingen 1979, S. 137-153.

23 Marquet de Vasselot (Anm. 31), S. 311, mit einer Datierung in das 11. Jahrhundert, sowie F. Bock, Die byzantinischen Zellenschmelze der Sammlung Dr. Alex. von Swenigorodski und das darüber veröffentlichte Prachtwerk. Aachen 1896, S. 200, der diese beiden Emails in die ersten Jahrzehnte des 11. Jh. datiert. Kurz erwähnt von Wentzel (Anm. 3), a. a. O.

24 M. E. Frazer, in: Der Schatz von San Marco in Venedig. Römisch-Germanisches Museum der Stadt Köln 1984, Nr. 16, mit Abb.

25 Ein sehr ähnliches Goldzellenemail, dessen Schmelzwerk fast ganz verloren ist, in Washington, Dumbarton Oaks Collection; M. C. Ross, Jewelry, Enamels and Art of the Migration Period (Catalogue of the Byzantine and Early Mediaeval Antiquities in the Dumbarton Oaks Collection 2). Washington D. C. 1965, Nr. 143, Pl. 67, mit der Bestimmung: Konstantinopel, 7. Jh.

26 Zu den sieben nicht-byzantinischen Emails vgl. Marquet de Vasselot (Anm. 3), a. a. O., der sie nur kurz aufführt und ihre byzantinische Herkunft in Frage stellt, sowie Bock (Anm. 23), S. 200f., der sie sämtlich »gegen Mitte des 11. Jahrhunderts« entstanden sieht.

27 So vor allem im Rahmen des Vorderdeckels des von Erzbischof Aribert da Intimiano (1018-1045) gestifteten Einbandes im Domschatz in Mailand, dort ebenfalls in smaragdgrünem transluziden Email, und auf dem Rahmen der sog. Pax in Chiavenna, Chiesa Arcipretale di S. Lorenzo, an der daneben in einigen Goldzellenemails auch in das Schmelzwerk eingefügte, massive Goldstege auftreten. Massiv goldene, in smaragdgrünes transluzides Schmelzwerk eingelassene Blätter mit ebensolchen Goldstegen begegnen schon in Emails an der Vorderseite des Paliotto in S. Ambrogio in Mailand, entstanden im Auftrag des Erzbischofs Angilbert (824-859).

28 J. Wolters, Filigran, in: Reallexikon zur deutschen Kunstgeschichte 8, 1987, Sp. 1078.

29 Vereinzelt sind an Filigrandrähten in den ›Fugen‹ Schnittspuren zu sehen, die sich mit der Notwendigkeit erklären, die beiden dort zusammentreffenden Platten einander anzupassen.

30 J. Flemming, in: J. Flemming, E. Lehmann, E. Schubert, Dom und Domschatz zu Halberstadt. Berlin [2]1976, S. 247. – A. Legner, Deutsche Kunst der Romanik. München 1982, Nr. 447. – (Ausstellungskat.) Ornamenta Ecclesiae. Kunst und Künstler der Romanik 3. Köln 1985, Nr. H 1 (U. Henze). – (Ausstellungskat.) Stadt im Wandel 2. Braunschweig 1985, Nr. 1051 (M. Brandt). – Auf die enge Verbindung zwischen Quedlinburger Buchdeckel und Halberstädter Reliquientafel hat bereits Creutz (Anm. 3) aufmerksam gemacht.

31 Zu diesen ausführlicher bislang nur Bock (Anm. 23), S. 195, der sie für abendländische Arbeiten des 12. Jahrhundert hielt.

32 H. Wentzel, Datierte und datierbare byzantinische Kameen, in: Festschrift Friedrich Winkler. Berlin 1959, S. 18f. – Flemming (Anm. 30), a. a. O. – Dies., Byzantinische Schatzkunst. Berlin 1979, S. 85.

33 F. Mütherich, Das Bergkristallsiegel des Erzbischofs Radpod von Trier, in: Festschrift für Erich Meyer zum sechzigsten Geburtstag. Hamburg 1959, S. 71-74. – Wentzel (Anm. 32), a. a. O. – Flemmig (Anm. 30), a. a. O.

34 Flemming (Anm. 30), S. 248 o. Abb. – Legner (Anm. 30), Nr. 392 m. Abb. – H. J. Mrusek, Drei deutsche Dome. Dresden/München 1983, S. 294 u. Abb. 229. – (Ausstellungskat.) Ornamenta Ecclesiae (Anm. 30), Nr. H 3 m. Abb. (B. Bänsch u. F. Niehoff).

35 G. Schmidt, Urkundenbuch des Hochstifts Halberstadt und seiner Bischöfe 1 (Publikationen aus den K. Preußischen Staatsarchiven 17). Leipzig 1883, Nr. 572.

36 Brinkmann (Anm. 1), S. 121-125, Taf. 12f.

37 Brinkmann (Anm. 1), S. 118-121, Taf. 9-11.

38 Brinkmann (Anm. 1), Taf. 11.

39 Dafür spricht ferner, daß das Relief stark ziseliert und an der Vorderseite an den Konturen der Figuren zusätzlich mit dem Punzen bearbeitet worden ist.

40 Schmidt (Anm. 35), a. a. O. Außerdem: Flemming (Anm. 30), a. a. O. u. (Ausstellungskat.) Stadt im Wandel (Anm. 30), a. a. O.

41 B. Bischoff, Mittelalterliche Schatzverzeichnisse 1. Von der Zeit Karls des Großen bis zur Mitte des 13. Jahrhunderts (Veröffentlichungen des Zentralinstituts für Kunstgeschichte in München 4). München 1967, Nr. 149.

42 Gesta episcoporum Halberstadensium a. 1205 (MGH SS 23, S. 120f.). Vgl. auch J. Irmscher, Konrad von Krosigk, Bischof von Halberstadt, als Teilnehmer am vierten Kreuzzug, in: Byzantinobulgarica 7, 1981, S. 190f.

43 J. Flemming, Ein Silberplättchen mit Niellozeichnung in Halberstadt. Seine gesellschaftliche Funktion und seine Herkunft, in: Metallkunst von der Spätantike bis zum angehenden Mittelalter. Hrsg. v. A. Effenberger (Schriften der Frühchristlich-byzantinischen Sammlung 1). Berlin 1982, S. 18-24.

44 Vgl. Flemming (Anm. 30), a. a. O. u. (Ausstellungskat.) Stadt im Wandel (Anm. 30), a. a. O.

45 J. Braun, Die Reliquiare des christlichen Kultes und ihre Entwicklung. Freiburg i. Br. 1940 (Nachdruck Osnabrück 1971), S. 265-276. Vgl. (Ausstellungskat.) Die Zeit der Staufer (Anm. 16), S. 434 (D. Kötzsche).

46 J. H. Fritsch, Geschichte des vormaligen Reichsstifts und der Stadt Quedlinburg 1. Quedlinburg 1828, S. 131f., 135f. – G. Schmidt, Zur Chronologie der Halberstädter Bischöfe II, in: Zeitschrift d. Harz-Vereins f. Geschichte u. Alterthumskunde 9, 1976, S. 31.

47 Für Hinweise und Auskünfte danke ich Peter Bolg, David Buckton, Arne Effenberger, Luise Karl, Renate Kroos, Gabriele Schwartzkopf und Arnold Wensky.

Katalog

I

Buchdeckel des Quedlinburger Evangeliars [Tafel 1]

Niedersachsen (Halberstadt oder Quedlinburg), um 1225/30

Im vertieften Mittelfeld ist oben die frontal thronende Muttergottes in einer mit Filigran geschmückten Mandorla dargestellt, unten, zu ihren Füßen stehen zwei Bischöfe in pontifikalem Ornat. Es sind der hl. Servatius und der hl. Dionysius, Patrone der Quedlinburger Stiftskirche, deren Reliquien zum ältesten Bestand ihres Schatzes gehörten.

Den breiten Rahmen, der das Mittelfeld umschließt, bedeckt dichtes, in Ranken sich verzweigendes Filigran. Es ist reich mit Steinschmuck besetzt, vor allem Granate, Almandine, Saphire, Smaragde, Amethyste, außerdem zahlreiche Perlen. Darin eingefügt sind neun Goldzellenemails aus verschiedenem Zusammenhang, die als Spolien gleich kostbaren Juwelen wiederverwendet wurden, darunter zwei Medaillons in Senkschmelz, byzantinische Arbeiten des späten 10./frühen 11. Jahrhunderts, mit den Brustbildern von Christus als Pantokrator und der Muttergottes als Orans.

Die gleiche Art des flachen, sehr engmaschigen Filigrans, das größere Flächen bedeckt, zeigt die große Reliquientafel im Domschatz in Halberstadt, die mit ziemlicher Sicherheit im Jahre 1225 oder bald danach für die von Konrad von Krosigk, Bischof von Halberstadt (1201-1208), seiner Bischofskirche geschenkten und hinterlassenen Reliquien angefertigt worden ist. Dort ist das Filigran, wie am Buchdeckel des Samuhel-Evangeliars, mit Steinschmuck reich besetzt, darunter ebenfalls Spolien, vor allem Goldzellenemails. Gleiches Filigran mit Steinschmuck zeigt auch das sicher nicht vor 1225 entstandene Armreliquiar des hl. Nikolaus im Halberstädter Domschatz. Alle drei Goldschmiedearbeiten, Buchdeckel, Reliquientafel und Armreliquiar, werden gemeinsam aus einer in dieser Region, wahrscheinlich in Halberstadt oder Quedlinburg, tätigen Werkstatt hervorgegangen sein. Die Zuweisung kostbarer Reliquien aus dem Nachlaß des Konrad von Krosigk an seine Bischofskirche in Halberstadt im Jahre 1225 scheint Aufträge an Goldschmiedearbeiten in größerem Umfang veranlaßt zu haben. Möglicherweise ist in diesem Zusammenhang auch der neue, kostbare Buchdeckel für das Samuhel-Evangeliar angefertigt worden; eine Schwester des Konrad von Krosigk, Bertradis, war in den Jahren 1225-1229/30 Äbtissin des Quedlinburger Kanonissenstiftes.

Eichenholzkern; Silberblech getrieben, ziseliert und vergoldet; Filigran Silber vergoldet; Steinschmuck; Perlen; Goldzellenschmelz. 372 x 279 mm.
Vereinzelt Bruchstellen im Relief; Steinschmuck teilweise verloren; Fehl- und Bruchstellen im Filigran; es fehlen die Schließen.

J.-J. Marquet de Vasselot, Le trésor de l'abbaye de Quedlinburg, in: Gazette des Beaux-Arts 40, 1898, S. 310f. – M. Creutz, Kunstgeschichte der edlen Metalle (H. Lüer u. M. Creutz, Geschichte der Metallkunst 2). Stuttgart 1909, S. 173. – A. Brinkmann, Beschreibende Darstellung der älteren Bau- und Kunstdenkmäler des Kreises Stadt Quedlinburg 1 (Beschreibende Darstellung der älteren Bau- und Kunstdenkmäler der Provinz Sachsen 33.1). Berlin 1922, S. 128ff., Taf. 16. – P.J. Meier, Die Kirchen in Quedlinburg (Deutsche Bauten 20). Burg b. Magdeburg 1932, S. 22. – H. Wentzel, Das byzantinische Erbe der ottonischen Kaiser – Hypothesen über den Brautschatz der Theophanu, in: Aachener Kunstblätter 43, 1972, S. 40f.

Dietrich Kötzsche

2

Quedlinburger Evangeliar [Tafel 2-16]

Süddeutschland (Augsburg), 2. Viertel 9. Jahrhundert

Das Evangeliar aus der Stiftskirche in Quedlinburg gehört zu der kleinen Zahl karolingischer Handschriften, für die ausschließlich goldene Tinte verwendet wurde, der Text ist zweispaltig geschrieben, die Zeilenzahl schwankt, meist sind es 24-27 Zeilen (s. oben S. 29). Die Vorreden und Kapitelverzeichnisse wie das Capitulare evangeliorum sind in Minuskel, die Evangelientexte in Unziale geschrieben (zu den Auszeichnungsschriften und der Scheidung der verschiedenen Hände s. oben S. 29 f.).

Die Handschrift enthält vier allgemeine Vorreden (Novum opus, Plures fuisse, Ammonius quidem, Sciendum etiam), auf sie folgen der Prolog und das Kapitelverzeichnis zu Matthäus und die Kanontafeln, im Anschluß daran das Matthäus-Evangelium und die drei weiteren Evangelien, jeweils mit Prolog und Kapitelverzeichnis, den Schluß der Handschrift nimmt das Capitulare evangeliorum ein.

Der Buchschmuck besteht aus Kanontafeln, Evangelistenbildern und Initialseiten. Die im Umriß rot gezeichneten Kanontafeln verteilen sich auf 16 Seiten (9 r-16 v); ihre Rahmen gehören zum Bogentypus, d. h. ein äußerer halbrunder Bogen umfaßt kleinere Arkadenreihen über den Zahlenkolumnen, nur die Umfassungsbögen sind grün bzw. rot umpunktet. Alle Säulen sind gleichbreit; für die Kapitelle wurden stilisierte Blatt- und Blütenmotive oder auch geschwungene Formen verwendet. Die Rahmen der Säulen und Bögen sind in Gold ausgemalt, die Zwischenflächen erscheinen in Gelb oder einem dunklen Grün, seltener treten helles Grün (Türkis), Blau und Rot auf. Wenig hervortretend sind die in feinen Strichen – meist in Gelb und Grün, auch in Rot – auf die farbigen Flächen gezeichneten Ornamente: vorwiegend Rankenformen oder aneinandergereihte Häkchen, teilweise auch Mäander und Perlreihen.

Die Bilder der Evangelisten nehmen die dem Textbeginn gegenüber liegende Verso-Seite ein (17 v, 66 v, 102 v, 149 v). Die Bildfläche ist etwa quadratisch und rot gerahmt, nach unten schließt ein schmales Schriftfeld mit dem Incipit in goldenen Buchstaben an. Der äußere Rahmen von Schrift- und Bildfeld entspricht dem der gegenüberliegenden Initialseite.

Matthäus, Markus und Johannes sind in Schrägansicht wiedergegeben, vor allem Matthäus mit weit vorgeneigtem Oberkörper, alle drei bärtig, im Gegensatz zu Lukas, der frontal dargestellt ist, mit stark nach links geneigtem Kopf. Nur Matthäus schreibt in einer Schriftrolle, die anderen in aufgeschlagenen Büchern. Während Lukas die Feder in das rechts neben ihm stehende Tintenfaß taucht, hält Johannes die Feder in der erhobenen Rechten; Markus hingegen legt die Rechte auf das geöffnete Buch, mit der Linken hält er eine verschnürte Schriftrolle im Schoß. Alle Evangelisten besitzen große Köpfe mit rot umrandeten goldenen Nimben. Die geflügelten Evangelistensymbole kommen aus der rechten, nur bei Lukas aus der linken oberen Bildecke. Die Throne sind teilweise mit balusterartigen Säulen ausgestattet, entsprechend den Schreibpulten und dem Ständer des Tintenfasses, bei Matthäus erscheint unter dem Sitz ein geöffnetes Fach mit Schriftrollen.

Die Farbigkeit der Miniaturen beherrschen dunkle, gebrochene bis dumpfe Töne. Die Hintergründe sind vorwiegend blau-grünlich eingefärbt mit gelblichen Schattierungen oder Aufhellungen (vor allem bei Johannes). Der nur bei der Markus-Miniatur gelblich-olivfarbene Hintergrund ist an wenigen Stellen abgeplatzt, so daß eine türkisfarbene Untermalung sichtbar wird. Für die mit Gold gesäumten Gewänder mit lebhafter Faltenzeichnung wurden grünliche, weißliche, blauviolette oder rote Töne verwendet. Das Inkarnat ist meist hell mit bräunlicher, rötlicher oder grünlicher Modellierung; die Haare und Bärte sind braun, mit Ausnahme von Johannes, der grauhaarig ist. Für die Evangelistensymbole wurden bräunliche Töne bevorzugt. Das Matthäus-Symbol besitzt einen rot gerandeten goldenen Nimbus; bei den Symbolen von Markus und Lukas sind die Nimben in der Farbe des Hintergrundes angedeutet, bei dem Adler des Johannes fehlt er ganz.

Der eigentümliche Glanz, der an den Konturen und teilweise auch bei der Faltenzeichnung und dem Hintergrund auftritt, ist auf nachträgliche mechanische Einwirkung zurückzuführen. Die Miniaturen sind offenbar zu einem späteren Zeitpunkt durchgepaust worden, dabei erfolgte eine Glättung der Farboberfläche (laut Mitteilung des Doerner-Institutes).

Die äußeren Rahmen bestehen aus ornamentierten Feldern, unterbrochen durch kleine Zwischenstücke. Sowohl die Farben als auch die Ornamentik entsprechen den Kanontafeln.

Die rot gezeichneten Initialen mit rechts anschließender Zierschrift nehmen etwa die Hälfte oder ein Drittel der linken Textspalte ein (18r, 67r, 103r, 150r). Sie sind in Gold und Silber, Gelb, Grün und Blau koloriert; die Initialkörper werden von goldenen Randbändern eingefaßt, das Innere ist mit Rautenmuster, Mäander und Perlreihen gefüllt. Die Initialen *L* und *I* zu Beginn von Matthäus und Johannes enden oben und unten bzw. seitlich in großen Flechtknoten aus goldenen oder farbigen Bändern, teilweise gehen die Initialenden in Ablaufmotive aus Blattformen über. Den Binnenraum des Q zu Anfang von Lukas füllt ein doppelter Flechtknoten mit ›Hörnern‹. Alle Initialen sind umpunktet.

Am Ende des Textes hat der Schreiber Samuhel signiert, er nennt sich *presbyter,* nicht *diaconus* wie in dem Brüsseler Codex (Kat. Nr. 3), das Quedlinburger Evangeliar ist also die jüngere Samuhelhandschrift. Für den Vergleich der künstlerischen Ausstattung kommen nur die Initialen in Frage, die in der Form wie der Ornamentik eine Reihe von Übereinstimmungen aufweisen. Die Kanontafeln scheiden aus, da sie in der Rahmenform und der Ornamentik unterschiedlich sind.

Rückschlüsse auf den Ort, an dem Samuhel – zumindest als *presbyter* – geschrieben hat, sind mit Hilfe des Buchschmuckes kaum möglich. Weder die Kanontafeln noch die Evangelistenbilder besitzen spezifische Merkmale, die die Zuweisung an ein bekanntes Skriptorium erlauben würden. Die Typenverwandtschaft der Evangelisten, die mit der Augsburger Handschrift (Kat. Nr. 5) bestehen, reichen – vor allem angesichts des zeitlichen Abstandes – nicht für eine nähere Abgrenzung aus (s. auch oben S. 27). Dies gilt auch für die Initialen im Quedlinburger wie im Brüsseler Evangeliar. Allein die dritte nach der Schrift zugehörige Handschrift (s. Bischoff S. 32), der Purpurcodex (Kat. Nr. 4), bietet einen festen Anhaltspunkt für die Lokalisierung nach Augsburg. Auch wenn von dem Purpurcodex aus über den Buchschmuck keine direkten Verbindungslinien zu dem Quedlinburger Evangeliar zu ziehen sind, wohl aber ein indirekter Bezug möglich ist, der durch die Ausstattung des Brüsseler Codex (Kat. Nr. 3) vermittelt wird, kommt wegen der Schriftverwandtschaft eine gemeinsame Herkunft aus einem süddeutschen Skriptorium in Betracht. Nach der Qualität der Handschriften zu schließen, handelte es sich um ein bedeutendes Zentrum, das an den Bischofssitz Augsburg lokalisiert werden kann (s. auch S. 33).

Pergament, 191 Blatt 370 x 280 mm

J. A. Wallmann, Abhandlung von den schäzbaren Altherthümern der hohen Stiftskirche Quedlinburg. Quedlinburg 1776, S. 95–97. – W. Koehler, Die Denkmäler der karolingischen Kunst in Belgien, in: Belgische Kunstdenkmäler 1, hrsg. von P. Clemen. München 1923, S. 4. – A. Goldschmidt, Die deutsche Buchmalerei, Bd. 1. Florenz–München 1928, S. 55 und Taf. 65. – v. Mülverstedt, Über den Kirchenschatz des Stiftes Quedlinburg, in: Zeitschrift des Harzvereines für Geschichte und Althertumskunde 7, 1974, S. 232. – B. Bischoff, Die südostdeutschen Schreibschulen und Bibliotheken in der Karolingerzeit, Teil 2. Wiesbaden 1980, S. 193. – B. Bischoff, Kalligraphie in Bayern, 8.–12. Jahrhundert. Katalog der Ausstellung München, Bayer. Staatsbibliothek 1981. Wiesbaden 1981, S. 23.

KATHARINA BIERBRAUER

3

Evangeliar aus Münsterbilsen [Tafel 17-21]

Süddeutschland (Augsburg), 1. Viertel 9. Jahrhundert

Bereits 1923 wies Wilhelm Koehler auf den möglichen Zusammenhang zwischen dem Evangeliar aus Münsterbilsen, heute in der Bibliothek der Bollandisten in Brüssel, und dem des Quedlinburger Domschatzes (Kat. Nr. 2) hin, die laut den Subskriptionen am Schluß der Handschriften von einem Samuhel geschrieben wurden. In dem Brüsseler Codex nennt sich Samuhel *diaconus*, d. h. daß es sich um die ältere Handschrift handelt. Neben dem identischen Schreibernamen spielte vor allem die vergleichbare Initialornamentik eine Rolle für Koehlers Überlegungen. Der dritte von Koehler in den nahen Umkreis der Samuhel-Handschriften gerückte Codex, das Purpurevangeliar in München (Kat. Nr. 4), bietet die besten Analogien zu den Kanontafeln.

Die Handschrift enthält zu Anfang das Capitulare evangeliorum, im weiteren zwei allgemeine Vorreden (Novum opus, Plures fuisse), die Vorrede und das Kapitelverzeichnis zu Matthäus und die Kanontafeln. Auf das Matthäusevangelium folgen die drei weiteren Evangelientexte, jeweils mit Prolog und Kapitelverzeichnis. Ungewöhnlich ist das Kapitelverzeichnis X zu Markus und der antimarcionitische Prolog zu Lukas (s. oben S. 26).

Die rot gezeichneten Initialen zu Beginn der Evangelientexte (29 r, 73 r, 105 r, 153 r) sind in Gold und Silber, Grün und Gelb ausgemalt. Da das Silber stark oxydiert ist, lassen sich die Farben teilweise nur schlecht erkennen. Vor allem auch die Zeichnung der Füllmuster in den Initialen, Schuppenmuster und Ranken, hat darunter gelitten.

Für Vergleiche zwischen den Initialen der Quedlinburger und Brüsseler Handschrift kommen vor allem die zu Beginn von Matthäus und Lukas in Betracht: Hier wie dort ist das *L* oben und seitlich mit Flechtkronen besetzt, und den Binnenraum des *Q* füllt ein doppelter Flechtknoten mit ›Hörnern‹. Der Querbalken des *Q* endet seitlich in Brüssel (abweichend von Quedlinburg) in einem Tierkopf. Das untere Ende der beiden I-Initialen zu Beginn von Markus und Johannes geht in ein Blütenende über und läuft nach unten in ein vierpaßförmiges Motiv und ein Profilblatt aus. Ein ähnliches Ablaufmotiv begegnet auch bei dem *I* zu Beginn von Johannes in dem Quedlinburger Evangeliar.

Die Kanontafeln sind auf elf Seiten verteilt (23 v-28 v). Als Rahmengerüst dienen vier oder fünf schlanke Säulen, die durch spitze Giebel oder halbrunde Bögen verbunden sind, eine vergleichbare Anlage findet sich auch in dem Purpurevangeliar und dem Evangeliar aus St. Emmeram (Kat. Nr. 4 und 6). Kleinere eingestellte Arkadenreihen, die in den beiden anderen Handschriften fehlen, sind durch die unterschiedliche Verteilung der Canones bedingt. Giebel und Bögen sind mit kleinen Strichen besetzt. Als Kapitelle wurden stilisierte Blattformen verwendet. Wie bei den Initialen sind die Umrisse in roter Tinte gezeichnet und die Innenflächen in Gold und Silber, Grün und Gelb, teilweise auch in Rot, ausgemalt. Die Ornamentik auf den Säulenschäften ist teilweise schlecht zu erkennen (oxydiertes Silber). Ein Teil der Motive begegnet auch im Purpurcodex (Kat. Nr. 4), so das Dreibogenmotiv und das Zickzackband mit Knospen; ähnlich gebildet ist ebenfalls die Ranke, entfernt verwandt das aus übereinander gestellten Dreiecken gebildete Muster und das Schuppenmuster. Nur in der Brüsseler Handschrift begegnen Säulen in der Form von Balustern.

Ohne Zweifel nimmt das Evangeliar aus Münsterbilsen auf Grund seines Buchschmuckes eine zentrale Stelle innerhalb der drei nach den paläographischen Untersuchungen Bischoffs zusammengehörigen Handschriften ein: Für die Verbindung mit dem Purpurcodex sprechen die Kanontafeln, für die Beziehungen zum Quedlinburger Evangeliar die Initialen und – darüber hinaus – derselbe Schreibername. Bei der Frage nach der Datierung scheint es sinnvoll, das Brüsseler Evangeliar näher an den Purpurcodex zu rücken, da die Übereinstimmungen in den Kanontafeln mehr ins Gewicht fallen als das in ähnlicher Ausbildung weit verbreitete Formengut der Initialen. Das Problem der örtlichen Zuweisung der Samuhelhandschriften ist schon beim Quedlinburger Evangeliar angesprochen worden (Kat. Nr. 2); als Entstehungsort der ganzen Gruppe kommt Augsburg in Frage (S. 31, siehe Kat. Nr. 4).

Die Handschrift befand sich spätestens 1130 in Münsterbilsen (s. den Eintrag 71 v); zu weiteren späteren Einträgen vgl. Monasticon belge Bd. 6, Provinz de Limburg. Lüttich 1976, S. 104, 110.

Pergament, 180 Blatt 290 x 175 mm

BRÜSSEL, BIBLIOTHÈQUE DES BOLLANDISTES, Ms. 299

W. Koehler, Die Denkmäler der karolingischen Kunst in Belgien, in: Belgische Kunstdenkmäler 1, hrsg. von P. Clemen. München 1923, S. 4. – F. Lyna, A propos d'un évangéliaire de Munsterbilzen, in: Paginae bibliographicae 4. Brüssel 1929, Sp. 1266-1268. – G. Philippart, Les évangéliaires carolingiens, in: Analecta Bollandiana 88, 1970, S. 61-62. – B. Bischoff, Die südostdeutschen Schreibschulen und Bibliotheken in der Karolingerzeit, Teil 2. Wiesbaden 1980, S. 193. – B. Bischoff, Kalligraphie in Bayern, 8.-12. Jahrhundert. Katalog der Ausstellung München, Bayer. Staatsbibliothek 1981. Wiesbaden 1981, S. 23.

KATHARINA BIERBRAUER

4

Purpur-Evangeliar [Tafel 22-25]

Augsburg, 1. Viertel 9. Jahrhundert (807-816?)

Sowohl die Wahl des Schreibstoffes – Purpurpergament – als auch die der Tinte – Gold und Silber – lassen darauf schließen, daß die Handschrift im Auftrag einer hochgestellten Persönlichkeit geschrieben worden ist. Von den beiden Monogrammen am Schluß der Handschrift erhofft man sich eine Antwort auf die Frage nach dem Auftraggeber oder Besitzer des Codes. Nach Bischoff sind sie in Hantω Episcobus (!) aufzulösen und mit dem gleichnamigen Augsburger Bischof (807-816) zu verbinden; zuvor hatte sie Koehler dem Abt-Bischof von Reichenau – Basel, Hatto (806-823) zugeschrieben.

Der Text beginnt mit vier allgemeinen Vorreden (Novum opus, Plures fuisse, Ammonius quidem, Sciendum etiam) und dem Prolog wie dem Kapitelverzeichnis zu Matthäus, im Anschluß daran folgen die Kanontafeln, das Matthäusevangelium und die drei weiteren Evangelien mit Vorreden und Kapitelverzeichnissen. Am Schluß der Handschrift wurde das Capitulare evangeliorum niedergeschrieben.

Der Buchschmuck des Purpurcodex besteht aus 16 Seiten Kanontafeln (16 r-23 v), vier Initialen zu Beginn der Evangelientexte (25 r, 87 v, 130 r, 196 v) und einer Initiale zu Beginn des Markus-Prologes (84 v). Hinzu kommen zwei Einzelblätter auf ungefärbtem Pergament (24 r/v, 197 r/v). Die Bildseiten sind kreuzförmig unterteilt; auf dem vorderen Blatt wurden Szenen aus der Kindheitsgeschichte Jesu und auf den hinteren Szenen aus den Erscheinungen des auferstandenen Christus wiedergegeben. Die Auswahl der Szenen ist ungewöhnlich, sie gehen auf spätantike Vorlagen, wahrscheinlich aus dem 6. Jahrhundert, zurück. Da es sich um Einzelblätter handelt, läßt sich nicht sagen, ob sie der Handschrift ursprünglich zugehören oder ob sie nachträglich eingebunden worden sind.

Zur Erstausstattung der Handschrift gehören ohne Zweifel die Kanontafeln und die Initialen, beide sind in roter Tinte gezeichnet und mit Gold und Silber ausgemalt, bei den Kanontafeln kommen Weiß, Gelb und Rot hinzu. Die Initialkörper füllen einfache, meist geometrische Ornamente: Mäander, Schachbrettmuster, Rautenmuster oder auch Blattranken; die Buchstabenenden gehen teilweise in Flechtknoten über. Mit Ausnahme der kleineren Initiale zu Beginn des Markus-Prologes sind alle mit Tierköpfen besetzt.

Die Rahmen der Canones sind wie im Brüsseler Evangeliar (Kat. Nr. 3) aus vier oder fünf schlanken Säulen gebildet, die durch Rundbögen oder spitze Giebel verbunden sind, Giebel und Bögen wieder mit angesetzter Strichelung. Die Kapitelle bestehen aus treppenartig abgestuften Platten oder aus stilisierten Blattformen. Die Ornamentik auf den Säulenschäften ist wesentlich abwechslungsreicher als im Brüsseler Codex. Zu den übereinstimmenden Formen gehören das Dreibogenmotiv und das Zickzackband mit Knospen, vergleichbar sind auch die Ranken. Darüber hinaus begegnen im Purpurcodex auch Flechtband mit langgezogenen Bändern, Schachbrettmuster und Rautenmuster, hinzu kommt eine Aufteilung in kleine Kästchen, die unterschiedlich verziert sind (u. a. Schraffierungen, Flechtknoten, Schrägkreuz, Blattformen). Zwei der Initialen sind umpunktet.

Auf die Frage nach dem Entstehungsort der Handschrift ist bis heute keine endgültige Antwort gefunden worden. Die Auflösung der Monogramme in Hantω Episcobus (!) läßt den Schluß zu, daß der Codex für den Bischof in Augsburg hergestellt wurde. Der Buchschmuck des Purpurevangeliars ermöglicht keine scharfe Eingrenzung des Entstehungsgebietes oder gar eine Zuweisung an ein bestimmtes Skriptorium. Über die Ornamentik der Kanontafeln ist eine Verbindung zu südostdeutschen Handschriften herzustellen, die Initialen weisen eher nach Südwesten, in das Bodenseegebiet. Der von Bischoff (s. S. 33) aufgrund der Schrift nachgewiesene Zusammenhang mit dem Samuhelhandschriften (Kat. Nr. 2 und 3) läßt sich im Bereich des Buchschmuckes nur für die Brüsseler, also die ältere Handschrift nachvollziehen, da die Kanontafeln beider Codices in der Form wie der Ornamentik Analogien aufweisen; zu der zweiten jüngeren Samuhelhandschrift, dem Quedlinburger Evangeliar, bestehen keine direkten Verbindungen.

Über den Aufbewahrungsort der Handschrift im Mittelalter ist nichts bekannt. Sie wurde 1587 von dem Eichstätter Kanonikus Johann Georg von Werdenstein (1542-1608) an Herzog Wilhelm V. geschenkt.

Pergament, 247 Blatt 310 x 200 mm

München, Bayerische Staatsbibliothek, Clm 23631

W. Koehler, Die Denkmäler der karolingischen Kunst in Belgien, in: Belgische Kunstdenkmäler 1, hrsg. von P. Clemen. München 1923, S. 4. – B. Bischoff, Die südostdeutschen Schreibschulen und Bibliotheken in der Karolingerzeit. Teil 1: Wiesbaden ²1960, S. 8 ff. Teil 2: Wiesbaden 1980, S. 193. – Katalog der Ausstellung Karl der Große. Aachen 1965, Nr. 456. – K. Bierbrauer, Die Ornamentik frühkarolingischer Handschriften aus Bayern. Abhandlungen der Bayerischen Akademie der Wissenschaften, Philos.-histor. Klasse, N. F. 84. München 1979, S. 49 ff., 104 f. und Taf. 64, 6-8; 56-66. – B. Bischoff, Kalligraphie in Bayern, 8.-12. Jahrhundert. Katalog der Ausstellung München, Bayer. Staatsbibliothek 1981. Wiesbaden 1981, S. 22 ff. und Abb. 15 a-b. – K. Bierbrauer, Die vorkarolingischen und karolingischen Handschriften der Bayerischen Staatsbibliothek. Katalog der illuminierten Handschriften der Bayerischen Staatsbibliothek in München, Bd. 1. Wiesbaden 1990, S. 54 f.

Katharina Bierbrauer

5

Evangeliar aus der Sammlung Oettingen-Wallerstein [Tafel 26-31]

Westdeutschland (?), 3. Viertel 9. Jahrhundert

Das Evangeliar aus der Sammlung Oettingen-Wallerstein kommt nur in einem Punkt als Vergleichshandschrift zu dem Evangeliar aus Quedlinburg (Kat. Nr. 2) in Betracht: für die Evangelistenbilder. Darauf hat Adolf Goldschmidt schon 1928 hingewiesen, sein Vorschlag soll hier noch einmal aufgegriffen werden.

Die Handschrift ist nicht ganz vollständig erhalten, zu Anfang und gegen Ende fehlen eine Reihe von Blättern; möglicherweise ist auf den Verlust einer Lage auch das Fehlen der allgemeinen Vorreden und des Matthäus-Prologes zurückzuführen. Der Beginn des Johannes-Evangeliums mit Bild und Initialseite ist herausgeschnitten worden. Im heutigen Zustand beginnt die Handschrift mit den Canones (ohne Rahmen), auf die einige kommentierende Verse folgen (vgl. Kahsnitz und Hägele), das Kapitelverzeichnis und der Text des Matthäusevangeliums folgen. Von den drei weiteren Evangelien mit Vorreden und Kapitelverzeichnissen fehlt der Anfang des Johannesevangeliums (s. o.). Den Schluß bildet das Capitulare evangeliorum.

Erhalten sind die Evangelistenbilder und Initialseiten zu Matthäus, Markus und Lukas (8 v/9 r, 62 v/63 r, 96 v/97 r). Beherrschendes Schmuckelement aller Zierseiten ist der Rahmen aus Blattwerk, das vorwiegend in Blau-Grün, einem bräunlichen Lila und Rot, teilweise auch mit Gelb koloriert ist. Die breiten Rahmenleisten füllen kräftige Palmetten und Halbpalmetten, auf der Innen- und Außenseite der Rahmen wachsen in dichter Folge Blattknospen hervor.

Die Evangelisten folgen alle dem gleichen Bildtypus: sie sind bärtig und in Schrägansicht wiedergegeben, in einer Schriftrolle schreibend. Geringfügige Abweichungen bestehen lediglich in der Haltung der Beine. Über den Köpfen mit Nimben schweben kleine geflügelte Evangelistensymbole. Unproportioniert zu der Größe der Figuren wirken die hohen turmartigen Throne mit Fenster- und Türöffnungen.

Die Gewänder sind in den gleichen Farben gehalten wie die Blattrahmen; einen starken Kontrast bilden die schwarz-grauen Haare und Bärte zu dem weißlichen Inkarnat; die Nimben sind gelb ausgemalt und rot umrandet; nur für die Evangelistensymbole wurde Gold verwendet. Die Bildhintergründe sind ohne farbige Ausmalung geblieben, vielleicht deshalb, um verschiedene Texte eintragen zu können. Ausgeführt wurden sie allerdings nur bei dem Matthäus-Bild, es handelt sich dabei um den ersten Teil eines Juvencus zugeschriebenen Gedichtes und eine Variation des Matthäus-Prologes.

Die Initialen besitzen breite goldene Randbänder, das Innere ist mit Flechtband oder Blattwerk gefüllt. Am oberen Ende sitzen Flechtkronen oder Blätter, beides vorwiegend in Gold wie auch die mehrteiligen Blattformen an den Initialenden. Aus der Flechtkrone des *L* zu Beginn von Matthäus wächst seitlich ein Tierkopf, dem eine kräftige Blattranke aus dem Maul hängt. Die Füllmuster sind in Lila koloriert oder hell ausgespart vor dunklem Grund; Grün, Gelb und Rot treten nur an wenigen Stellen auf.

Die Handschrift ist bislang kunsthistorisch nicht eingehend untersucht worden. Einer der bekannten karolingischen Schulen läßt sie sich nicht zuordnen, für die Bilder wie die Initialen dürften Einflüsse aus unterschiedlichen Richtungen eine Rolle gespielt haben. Einige Details des Blattwerks in den Rahmen und vergleichbare Formen bei den Initialen sprechen für eine Verbindung zu dem westdeutschen Evangeliar aus Gannat, Sainte Croix.

Zwischen den Evangelistenbildern des Augsburger Codex und denen des Quedlinburger Evangeliars besteht durchaus ein Zusammenhang. Der Matthäus in Quedlinburg geht auf den gleichen Bildtypus zurück wie die Augsburger Evangelisten, charakteristisch sind die nach vorne geneigten Oberkörper und die schräggestellten Köpfe wie das Schreiben in einer Schriftrolle.

Über den Aufbewahrungsort der Handschrift im Mittelalter und während der frühen Neuzeit ist nichts bekannt. 1814 erwarb sie Fürst Ludwig von Oettingen-Wallerstein in Paris von Abbé Charles Philippe Campion de Tersan.

Pergament, 200 Blatt 295 x 245 mm

AUGSBURG, UNIVERSITÄTSBIBLIOTHEK, Cod. I. 2. 2°. 1

A. Goldschmidt, Die deutsche Buchmalerei, Bd. 1. Florenz–München 1928, S. 56 und Taf. 66. – B. Bischoff, Wendepunkt in der Geschichte der lateinischen Exegese im Frühmittelalter, in: B. Bischoff,

Mittelalterliche Studien 1. Stuttgart 1966, S. 242, Anm. 138. – Universitätsbibliothek Augsburg, Wertvolle Handschriften und Einbände aus der ehemaligen Oettingen-Wallersteinschen Bibliothek. Wiesbaden 1987, S. 35 ff. (R. Kahsnitz). – B. Bischoff, Die Abtei Lorsch im Spiegel ihrer Handschriften. – 2. erweiterte Aufl. Lorsch 1989, S. 90, Anm. 22. – G. Hägele, Die lateinischen mittelalterlichen Handschriften in Folio der Universitätsbibliothek Augsburg, Teil 1 (in Vorbereitung; dankenswerterweise stellte Herr Dr. Hägele sein Manuskript zur Verfügung).

KATHARINA BIERBRAUER

6

Evangeliar aus St. Emmeram [Tafel 32]

Umkreis Regensburg, 2. Viertel 9. Jahrhundert

Die aus St. Emmeram in Regensburg überlieferte Handschrift steht textlich in engster Verwandtschaft mit dem Quedlinburger Evangeliar (Kat. Nr. 2); in der künstlerischen Ausstattung gehen beide Handschriften jedoch – ihrer Herkunft entsprechend – unterschiedliche Wege. Die Handschrift enthält die vier Evangelien, voran gehen vier allgemeine Vorreden, der Prolog und das Kapitelverzeichnis zu Matthäus und die Kanontafeln; auf die Evangelientexte folgt das Capitulare evangeliorum.

Die Anlage der Kanontafeln in Clm 14222 (9r–16v) ähnelt denen des Purpurcodex (Kat. Nr. 4): vier oder fünf schlanke Säulen, verbunden durch spitze Giebel oder Halbkreisbögen. Alle Teile des Rahmengerüstes sind in Felder unterteilt, die zum größten Teil mit Seilband und kreuzförmigen Motiven gefüllt sind, dazwischen eingeschoben wurden unverzierte Felder und Perlenreihen.

Von den vier Initialen lassen nur die zu Beginn des Matthäus- und Lukas-Evangeliums (18 r, 101 r) einigen Aufwand erkennen. Die erste entspricht in der Aufteilung des Initialkörpers den Kanontafeln, seitlich ist sie mit zwei eingerollten Tierköpfen besetzt; die zweite ist aus zwei Fischen gebildet. Die beiden anderen Initialen (66 v, 151 v) zieren Blattmotive am Ablauf. Sowohl die Initialen als auch die Kanontafeln sind in den Farben Rot, Gelb und Grün koloriert.

Bisher wurde die Handschrift der St. Emmeramer Schreibschule unter Bischof Baturich (817–848) zugeordnet, obwohl der Hauptschreiber wahrscheinlich nicht in Regensburg geschult worden ist; neuerdings wird sie von Bischoff (S. 33) dem Umkreis von Regensburg zugeschrieben. Wie in nahezu allen gleichzeitigen Regensburger Handschriften spielt der Buchschmuck nur eine untergeordnete Rolle; die Ornamentformen der Kanontafeln und der Initialen greifen allgemein verbreitete Motive auf, die sich einer Zuweisung an eine bestimmte Schreibschule entziehen.

In der Zeit Ramwolds (975–1001) und auch noch im 11. Jahrhundert wurde der Codex für Einträge von Bücher- und Schatzverzeichnissen von St. Emmeram verwendet.

Pergament, 199 Blatt 290 x 195 mm

MÜNCHEN, BAYERISCHE STAATSBIBLIOTHEK, Clm 14222

B. Bischoff, Die südostdeutschen Schreibschulen und Bibliotheken in der Karolingerzeit. Teil 1: Wiesbaden ^{2}1960, S. 210 f. Teil 2: Wiesbaden 1980, S. 239. – Regensburger Buchmalerei. Katalog der Ausstellung Regensburg 1987. Wiesbaden 1987, Nr. 7. – K. Bierbrauer, Die vorkarolingischen und karolingischen Handschriften der Bayerischen Staatsbibliothek. Katalog der illuminierten Handschriften der Bayerischen Staatsbibliothek in München, Bd. 1. Wiesbaden 1990, S. 66.

KATHARINA BIERBRAUER

Tafel 1 Quedlinburger Evangeliar. Prunkdeckel (Kat. Nr. 1)

Tafel 2-3 Quedlinburger Evange

10

+CAN PRIM; INQUO ·IIII·

MAT	MAR	LUC	IOH
ccc xxxi	cc viiii	ccc xv	c xcvii
ccc xxxii	cc x	ccc xviii	c xcvii
ccc xxxiiii	cc xii	ccc xxi	cc i
ccc xxxv	cc xiiii	ccc xxiiii	c xcviiii
ccc xxxvi	cc xv	ccc xvii	c xcviii
ccc xxxvi	cc xv	ccc xviiii	c xcviii
ccc xliii	cc xxiii	ccc xxviiii	cc iiii
ccc xlviii	cc xxvii	ccc xxxii	cc vi
ccc xlviiii	cc xxviii	ccc xxxiii	cc viii
ccc lii	cc xxxi	ccc xxxvi	cc viiii
ccc lii	cc xxxi	ccc xxxvi	cc xi

FINIT CANON PRIMUS INQUO·IIII·
MAT MAR LUC IOH

ontafeln, fol. 9v-10r (Kat. Nr. 2)

Tafel 4-5 Quedlinburger Evange

ontafeln, fol. 13v-14r (Kat. Nr. 2)

Tafel 6-7 Quedlinburger Evange

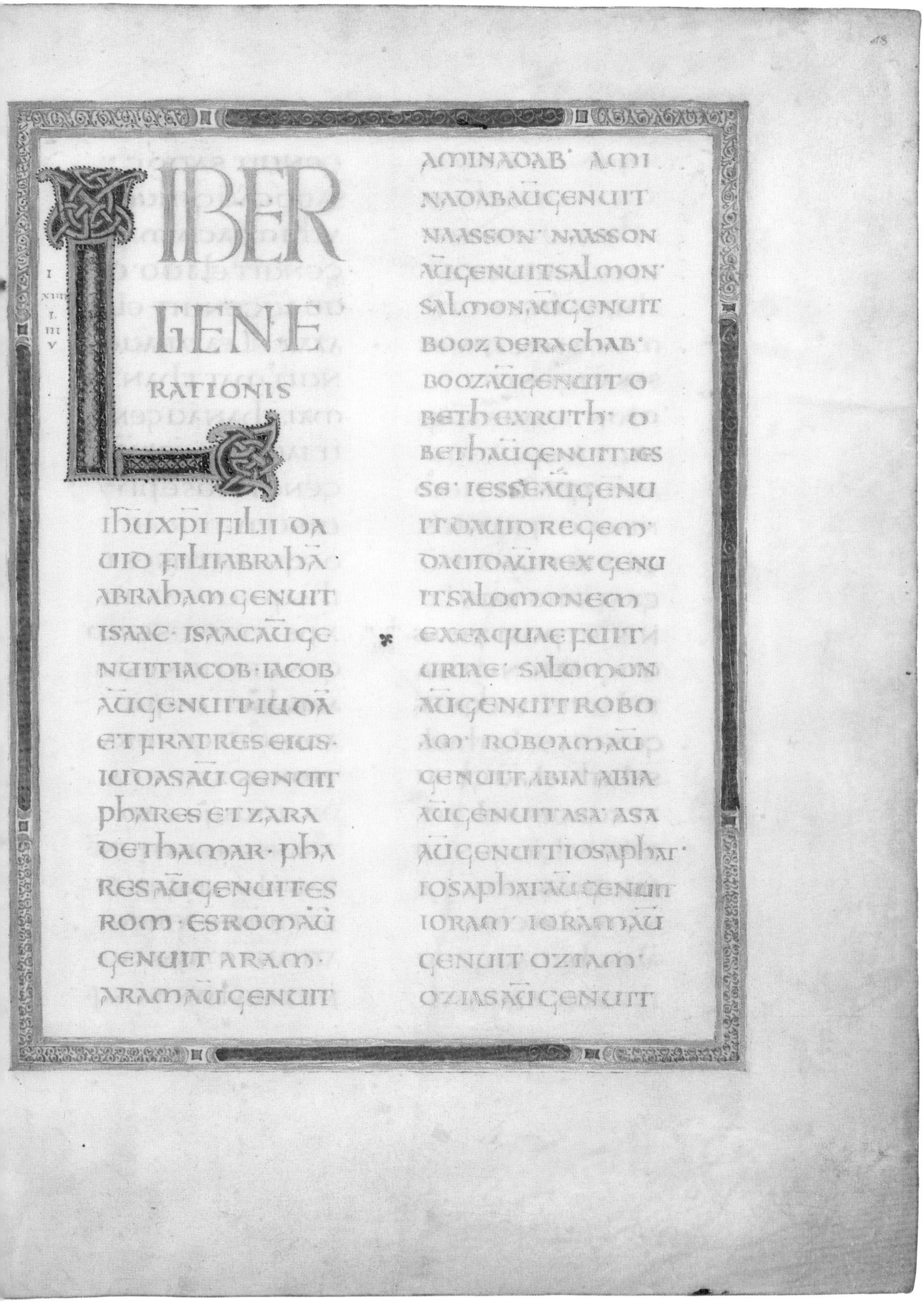

ngelist Matthäus – Initialseite, fol. 17v-18r (Kat. Nr. 2)

Tafel 8-9 Quedlinburger Evange

gelist Markus – Initialseite, fol. 66 v-67 r (Kat. Nr. 2)

INCIPEVANGL LVCA

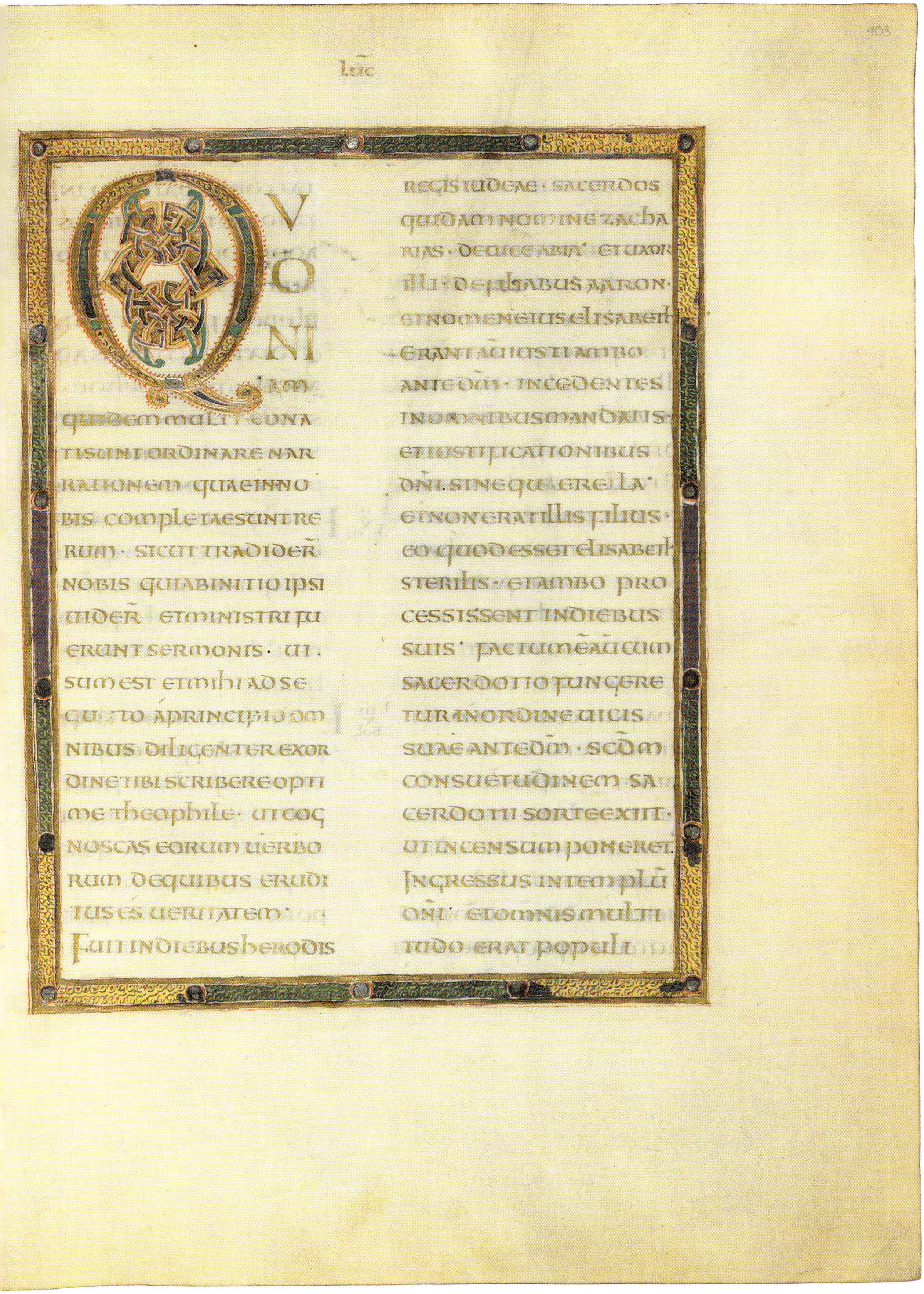

luc

103

QVONIAM
quidem multi cona
tisunt ordinare nar
rationem quae in no
bis completae sunt re
rum · sicut tradider
nobis qui ab initio ipsi
uider et ministri fu
erunt sermonis · ui
sum est et mihi adse
cuto a principio om
nibus diligenter ex or
dine tibi scribere opti
me theophile · ut cog
noscas eorum uerbo
rum de quibus erudi
tus es ueritatem ·
Fuit in diebus herodis

regis iudeae · sacerdos
quidam nomine zacha
rias · de uice abia · et uxor
illi · de filiabus aaron ·
et nomen eius elisabeth
Erant autem iusti ambo
ante dm̄ · incedentes
in omnibus mandatis
et iustificationibus
dn̄i · sine querella ·
et non erat illis filius ·
eo quod esset elisabeth
sterilis · et ambo pro
cessissent in diebus
suis · Factum est autem cum
sacerdotio fungere
tur in ordine uicis
suae ante dm̄ · scdm̄
consuetudinem sa
cerdotii sorte exiit ·
ut incensum poneret
Ingressus in templū
dn̄i · et omnis multi
tudo erat populi

ngelist Lukas – Initialseite, fol. 102v-103r (Kat. Nr. 2)

INITIUM SCI EVANGELII
SECDM IOH

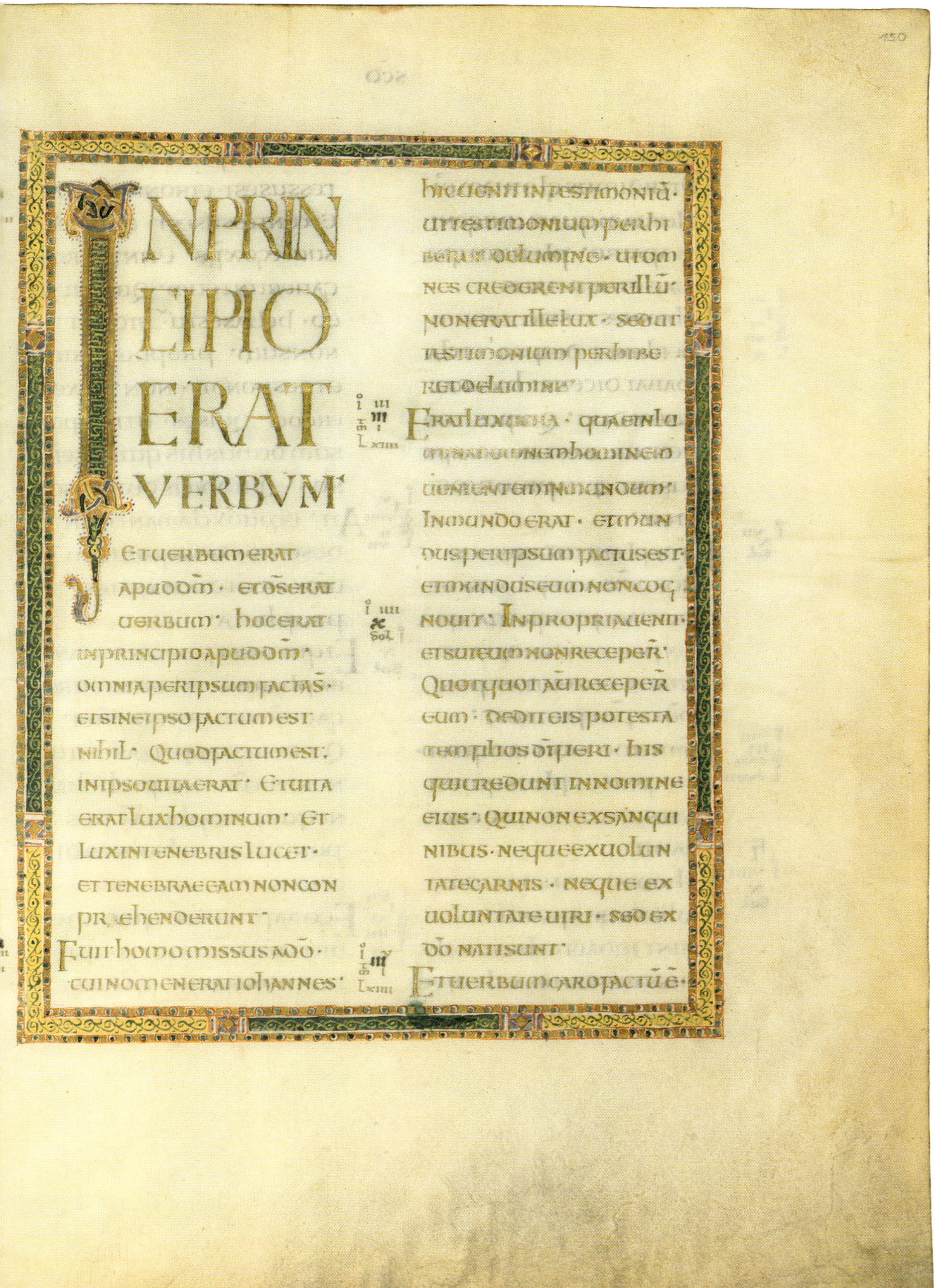

150

IN PRIN
CIPIO
ERAT
VERBUM
ET UERBUM ERAT
APUD DM̄ · ET DS ERAT
UERBUM · HOC ERAT
IN PRINCIPIO APUD DM̄ ·
OMNIA PER IPSUM FACTA S̄ ·
ET SINE IPSO FACTUM EST
NIHIL · QUOD FACTUM EST
IN IPSO UITA ERAT · ET UITA
ERAT LUX HOMINUM · ET
LUX IN TENEBRIS LUCET ·
ET TENEBRAE EAM NON CON
PRAEHENDERUNT ·
FUIT HOMO MISSUS A DO ·
CUI NOMEN ERAT IOHANNES ·

HIC UENIT IN TESTIMONIŪ ·
UT TESTIMONIUM PERHI
BERET DE LUMINE · UT OM
NES CREDERENT PER ILLŪ ·
NON ERAT ILLE LUX · SED UT
TESTIMONIUM PERHIBE
RET DE LUMINE ·
ERAT LUX UERA · QUAE INLU
MINAT OMNEM HOMINEM
UENIENTEM IN HUNC MUNDUM ·
IN MUNDO ERAT · ET MUN
DUS PER IPSUM FACTUS EST ·
ET MUNDUS EUM NON COG
NOUIT · IN PROPRIA UENIT ·
ET SUI EUM NON RECEPER̄ ·
QUOTQUOT AUT̄ RECEPER̄
EUM · DEDIT EIS POTESTA
TEM FILIOS DĪ FIERI · HIS
QUI CREDUNT IN NOMINE
EIUS · QUI NON EX SANGUI
NIBUS · NEQUE EX UOLUN
TATE CARNIS · NEQUE EX
UOLUNTATE UIRI · SED EX
DO NATI SUNT ·
ET UERBUM CARO FACTŪ Ē ·

ngelist Johannes – Initialseite, fol. 149v-150r (Kat. Nr. 2)

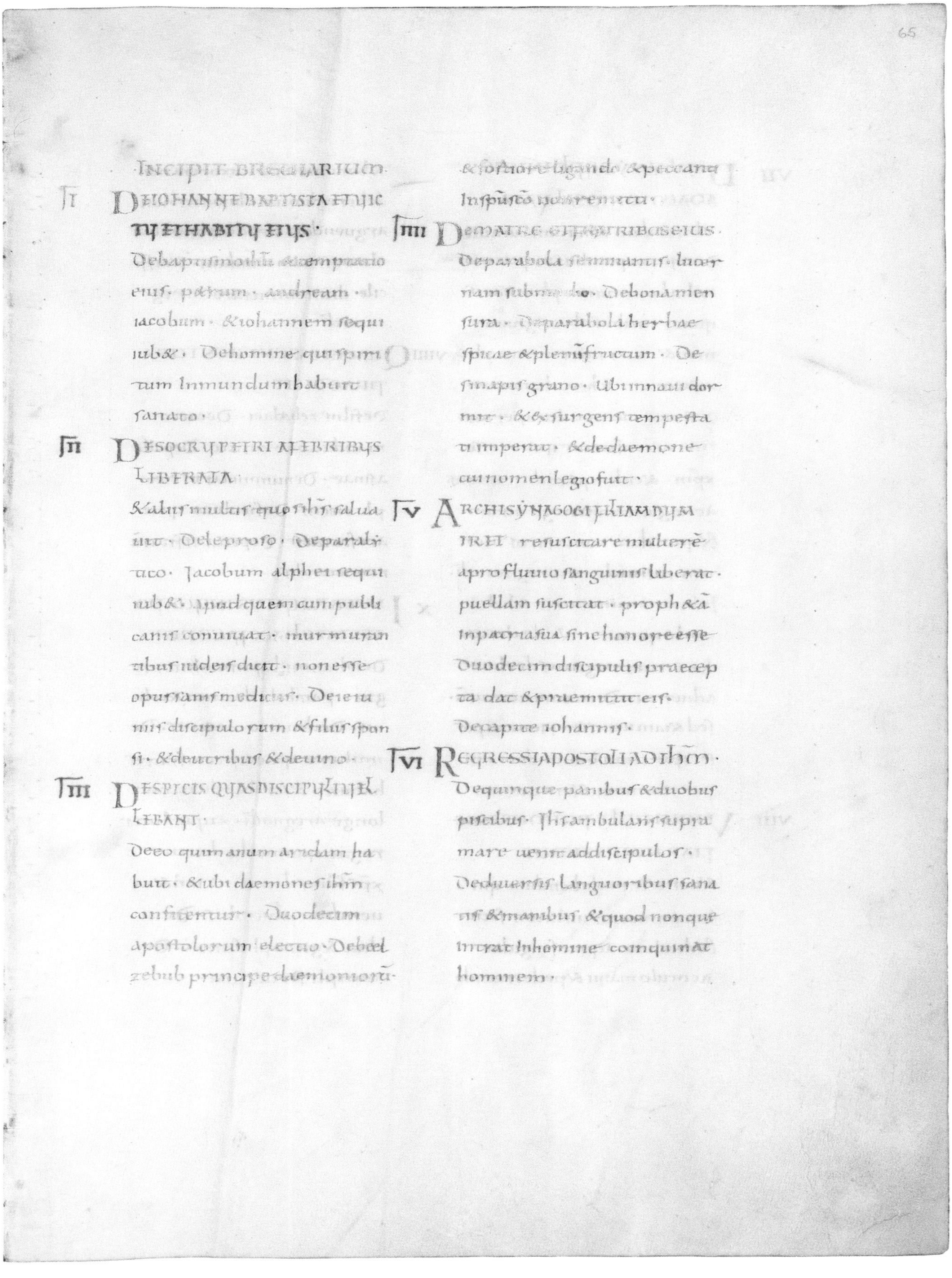

65

INCIPIT BREVIARIUM.

I. DE IOHANNE BAPTISTA ET VICTU ET HABITU EIUS.
De baptismo ihu et temptatio
ne eius. Petrum. andream.
iacobum. et iohannem sequi
iubet. De homine qui spiri
tum inmundum habuit
sanato.

II. DE SOCRU PETRI A FEBRIBUS
LIBERATA
Et aliis multis quos ihs salua
uit. De leproso. De paraly
tico. Iacobum alphei sequi
iubet. Apud quem cum publi
canis conuiuat. murmuran
tibus iudeis dicit. non esse
opus sanis medicus. De ieiu
nis discipulorum et filiis spon
si. et de utribus et de uino.

III. DE SPICIS QUAS DISCIPULI UELLEBANT.
De eo qui manum aridam ha
buit. et ubi daemones ihm
confitentur. Duodecim
apostolorum electio. De beel
zebub principe daemoniorum.
et fortiore ligando. et peccanti
in spu sco non remitti.

IIII. DE MATRE ET FRATRIBUS EIUS.
De parabola seminantis. lucer
nam sub modio. De bona men
sura. De parabola herbae
spicae et plenum fructum. De
sinapis grano. Ubi in naui dor
mit. et exsurgens tempesta
ti imperat. et de daemone
cui nomen legio fuit.

V. ARCHISYNAGOGI FILIAM DUM
IRET resuscitare mulierem
a profluuio sanguinis liberat.
puellam suscitat. prophetam
in patria sua sine honore esse.
Duodecim discipulis praecep
ta dat et praemittit eis.
De capite iohannis.

VI. REGRESSI APOSTOLI AD IHM.
De quinque panibus et duobus
piscibus. Ihs ambulans supra
mare uenit ad discipulos.
De diuersis languoribus sana
tis et manibus et quod non quae
intrat in homine coinquinat
hominem.

Tafel 14 Quedlinburger Evangeliar. Schriftseite, fol. 65r (Kat. Nr. 2)

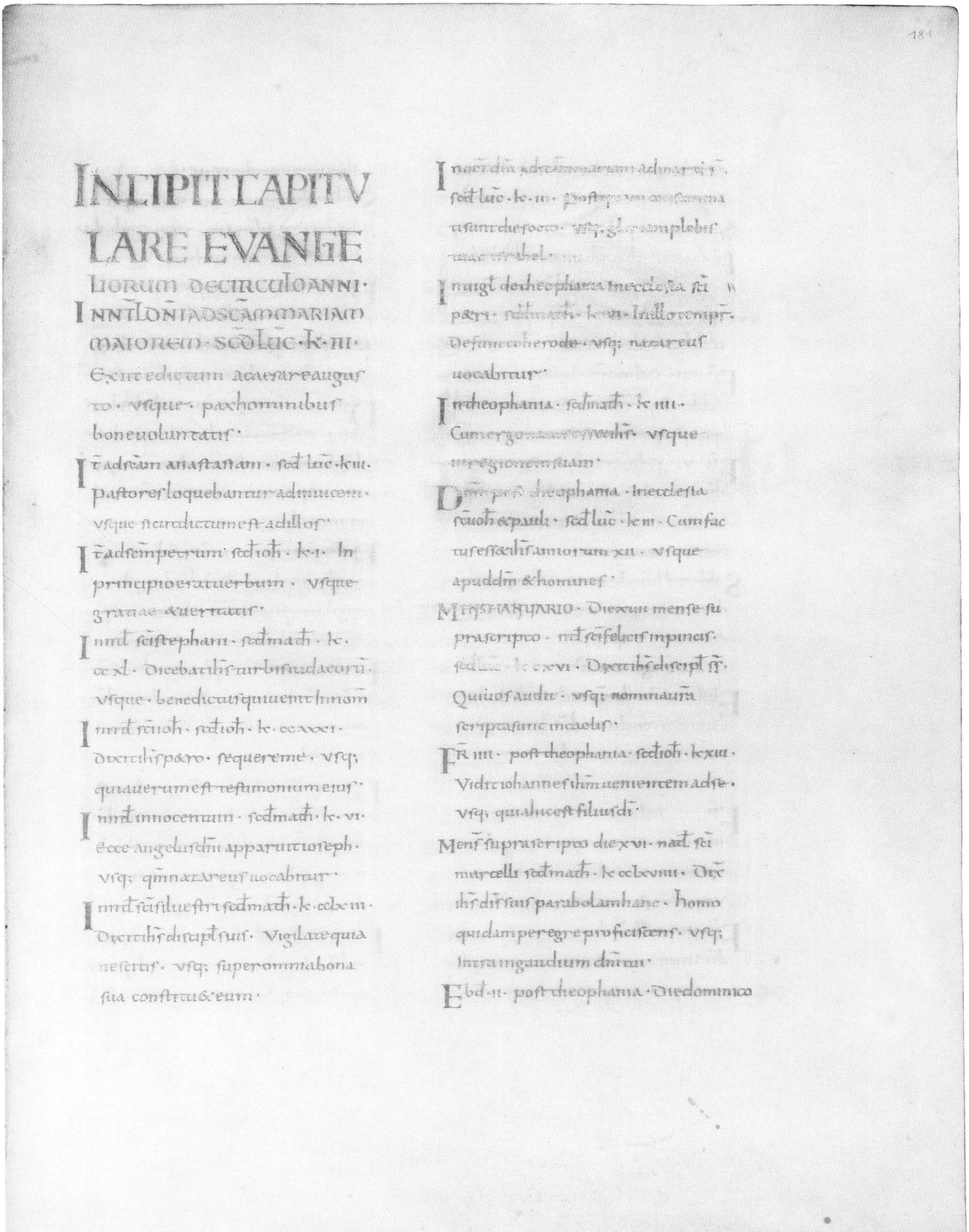
181

INCIPIT CAPITU
LARE EVANGE
LIORUM DE CIRCULO ANNI ·
IN NT DNI AD SCAM MARIAM
MAIOREM · SCD LUC · K · III ·
Exiit edictum a caesare augus
to · usque · pax hominibus
bone uoluntatis ·
In die ad scam anastasiam · sed luc · k · iiii ·
pastores loquebantur ad inuicem ·
usque sicut dictum est ad illos ·
It ad scm petrum · sec ioh · k · i · In
principio erat uerbum · usque
gratiae & ueritatis ·
In nat sci stephani · sec math · k ·
cc xl · Dicebat ihs turbis iudaeorum ·
usque · benedictus qui uenit in nomine
In nat sci ioh · sec ioh · k · ccxxxi ·
Dixit ihs petro · sequere me · usq;
quia uerum est testimonium eius ·
In nat innocentium · sec math · k · vi ·
Ecce angelus dni apparuit ioseph ·
usq; qm nazareus uocabitur ·
In nat sci siluestri sec math · k · cclxiii ·
Dixit ihs discipulis suis · Vigilate quia
nescitis · usq; super omnia bona
sua constituet eum ·

In oct dni ad [illegible]
sec luc · k · [illegible] · Postquam consumma
ti sunt dies octo · usq; [illegible] plebis
[illegible]
In uigl de theophania in ecclesia sci
petri · sec math · k · vii · In illo tempore ·
Defuncto herode · usq; nazareus
uocabitur ·
In theophania · sec math · k · iiii ·
Cum ergo natus esset ihs · usque
in regionem suam ·
Dom post theophania · in ecclesia
sci ioh et pauli · sec luc · k · vii · Cum fac
tus esset ihs annorum xii · usque
apud dm & homines ·
MENS IANUARIO · Die xiiii mense su
prascripto · nat sci felicis in pincis ·
sec luc · k · cxvi · Dixit ihs discipulis ss ·
Qui uos audit · usq; nomina uestra
scripta sunt in caelis ·
FR IIII · post theophania · sec ioh · k · xiii ·
Vidit iohannes ihm uenientem ad se ·
usq; quia hic est filius di ·
Mens supra scripto die xvi · nat · sci
marcelli sec math · k · cclxviii · Dixit
ihs discipulis suis parabolam hanc · homo
quidam peregre proficiscens · usq;
intra in gaudium dni tui ·
Ebd · ii · post theophania · Die dominico

Tafel 15 Quedlinburger Evangeliar. Schriftseite, fol. 181 r (Kat. Nr. 2)

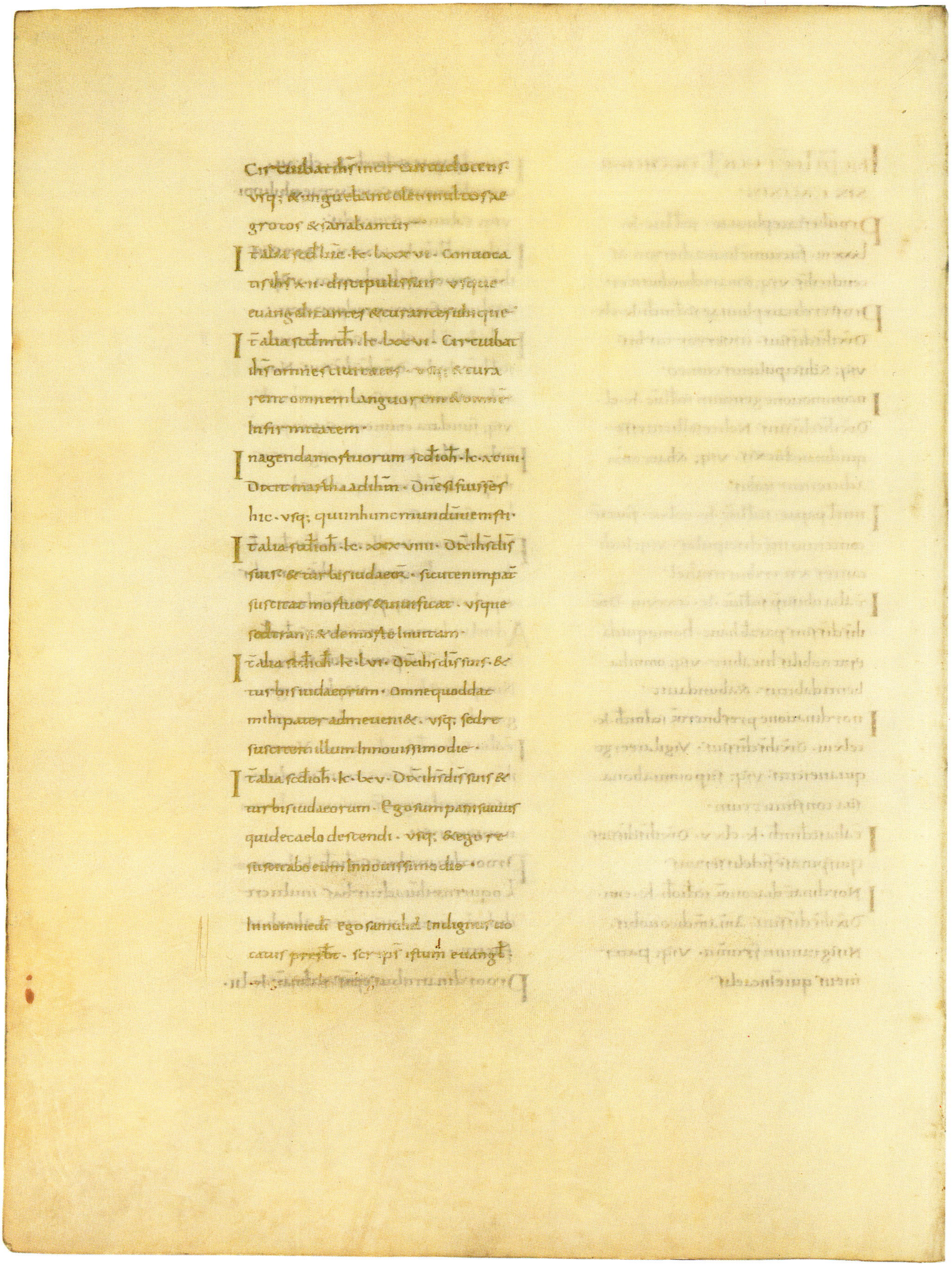

Tafel 16 Quedlinburger Evangeliar. Schriftseite mit Schreibereintrag, fol. 190v (Kat. Nr. 2)

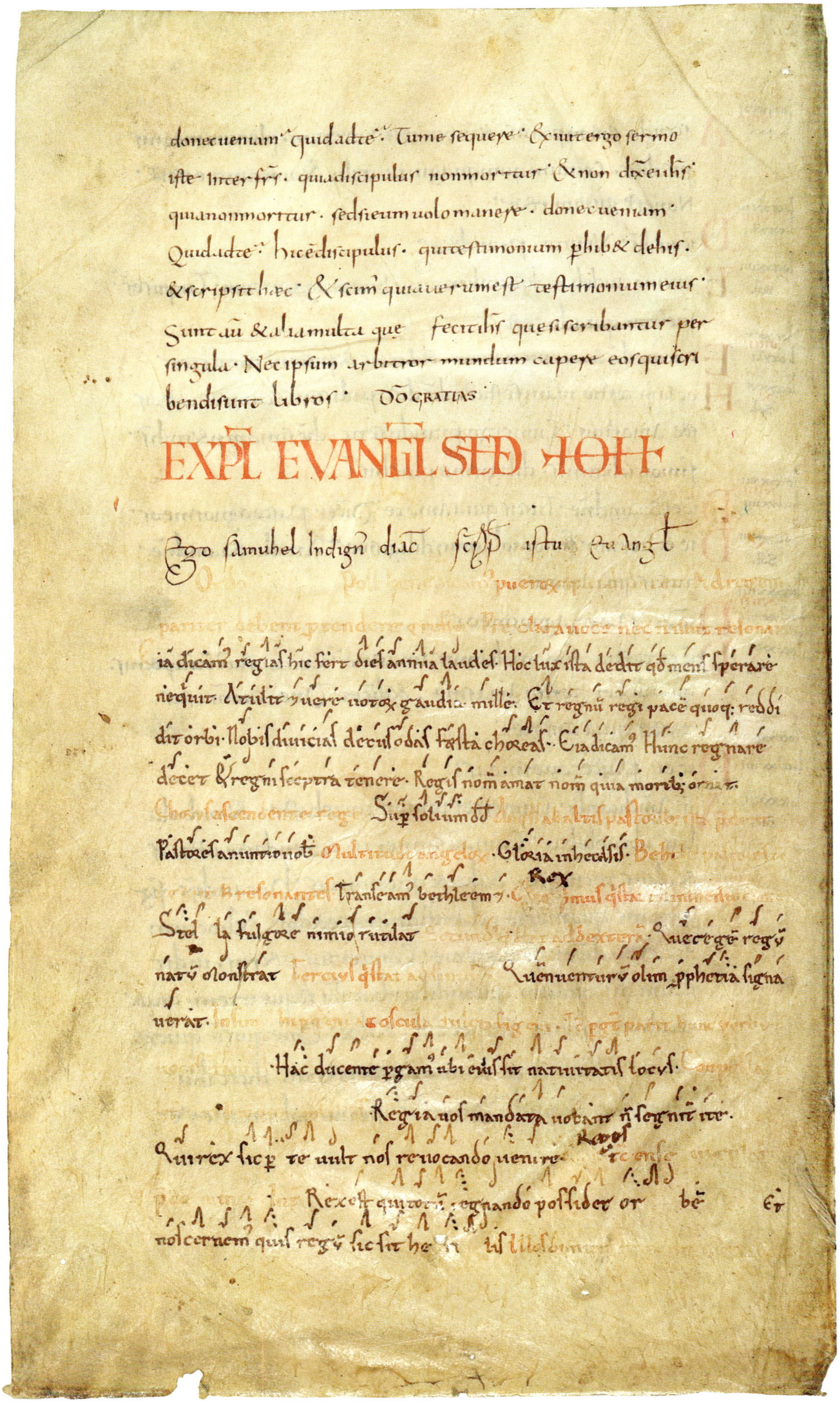
donec ueniam quid ad te. Tu me sequere. Exiit ergo sermo
iste inter fr(atr)es. quia discipulus non moritur. & non dixit ihs
quia non moritur. sed si eum uolo manere. donec ueniam.
Quid ad te. hic est discipulus. qui testimonium phib& de his.
& scripsit haec. & scim(us) quia uerum est testimonium eius.
Sunt au(tem) & alia multa que fecit ihs que si scribantur per
singula. Nec ipsum arbitror mundum capere eos qui scri
bendi sunt libros. DO GRATIAS
EXPL EVANGL SCD IOH
Ego samuhel indign diac scpsi istu euangl

Tafel 17 Evangeliar aus Münsterbilsen. Explicit und Schreibereintrag. Brüssel, Bibliothèque des Bollandistes, Ms. 299, fol. 179v (Kat. Nr. 3)

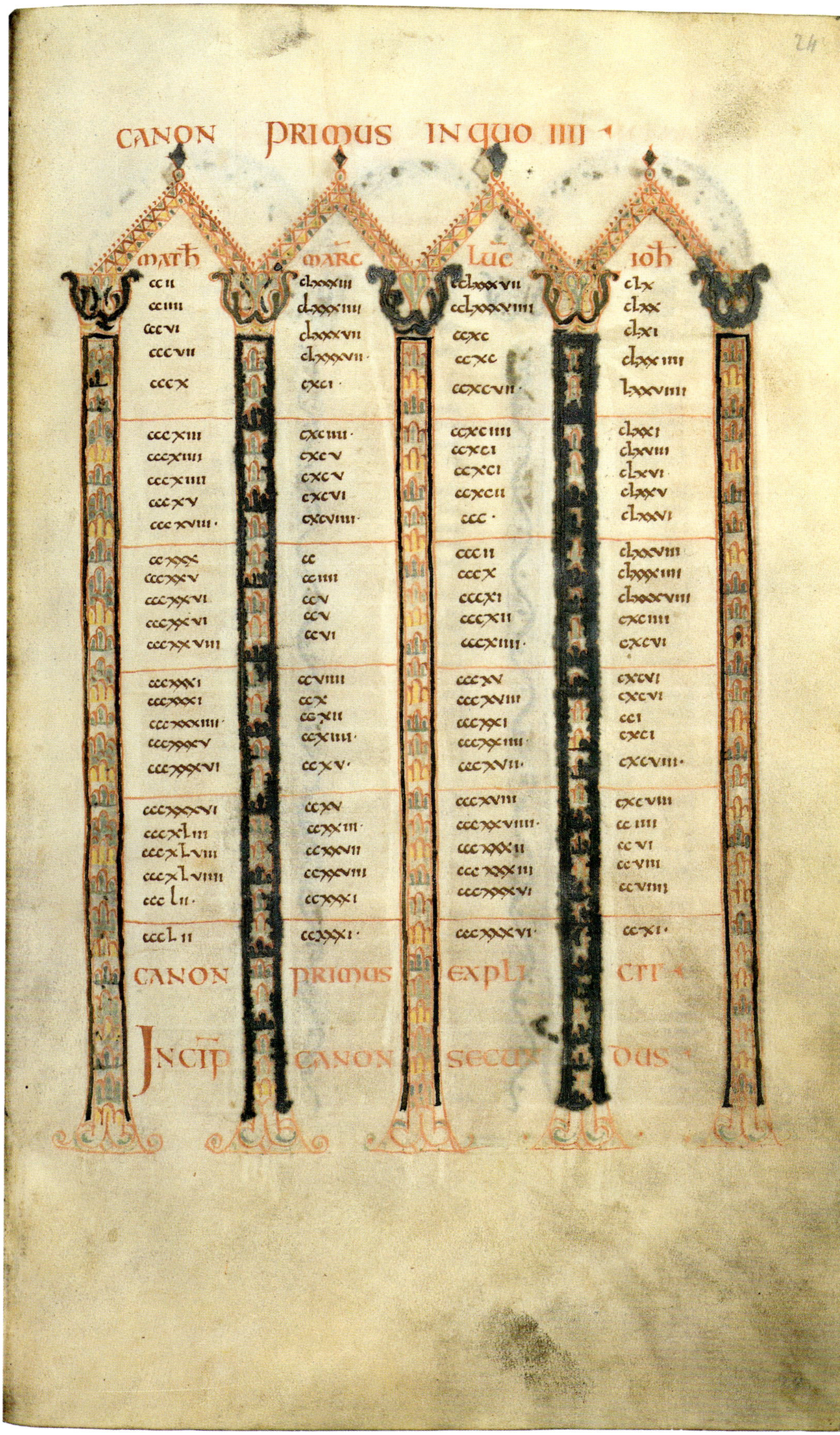

Tafel 18 Evangeliar aus Münsterbilsen. Kanontafel. Brüssel, Bibliothèque des Bollandistes, Ms. 299, fol. 24r (Kat. Nr. 3)

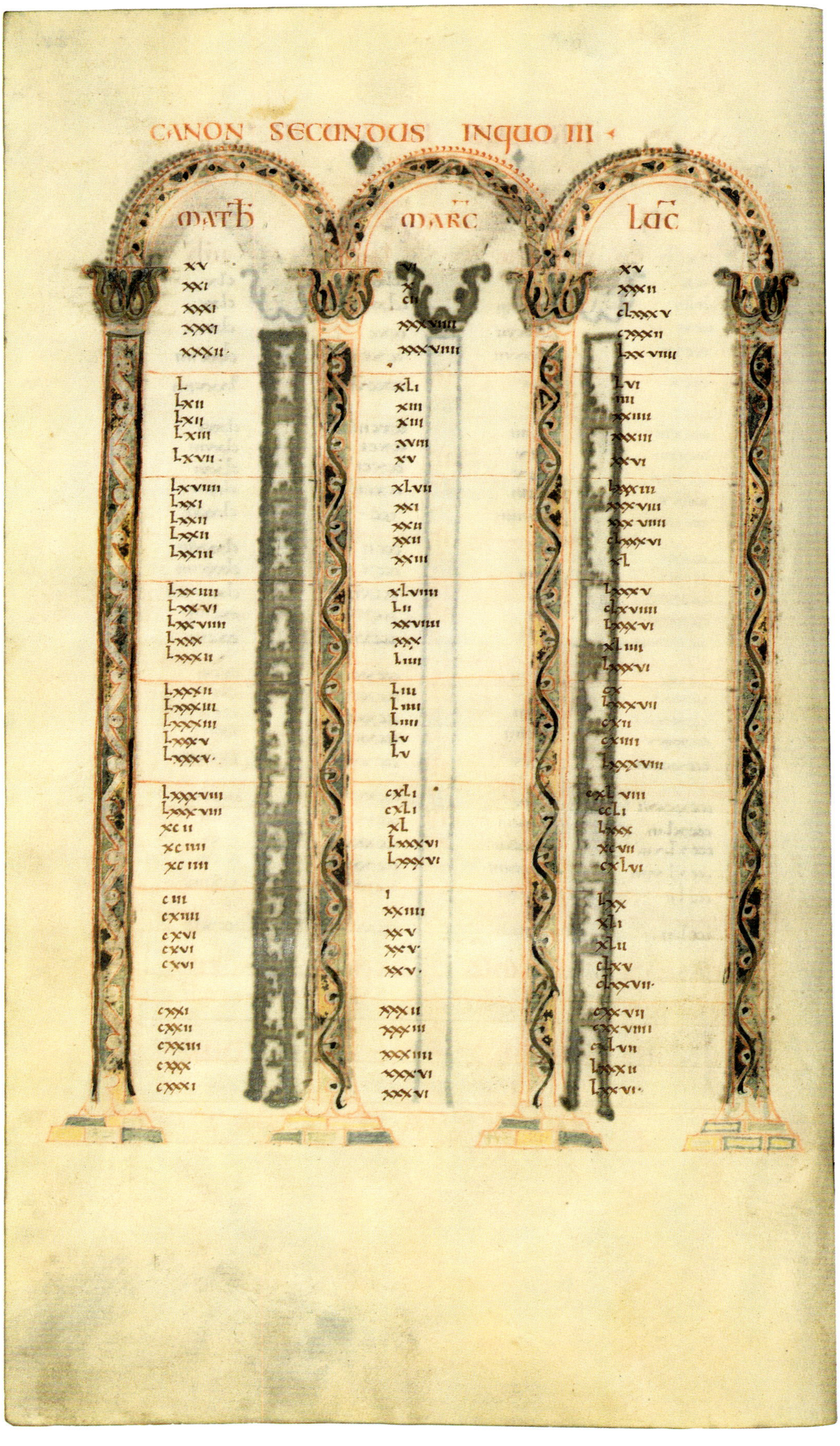

Tafel 19 Evangeliar aus Münsterbilsen. Kanontafel. Brüssel, Bibliothèque des Bollandistes, Ms. 299, fol. 24v (Kat. Nr. 3)

Tafel 20 Evangeliar aus Münsterbilsen. Kanontafel. Brüssel, Bibliothèque des Bollandistes, Ms. 299, fol. 27 v (Kat. Nr. 3)

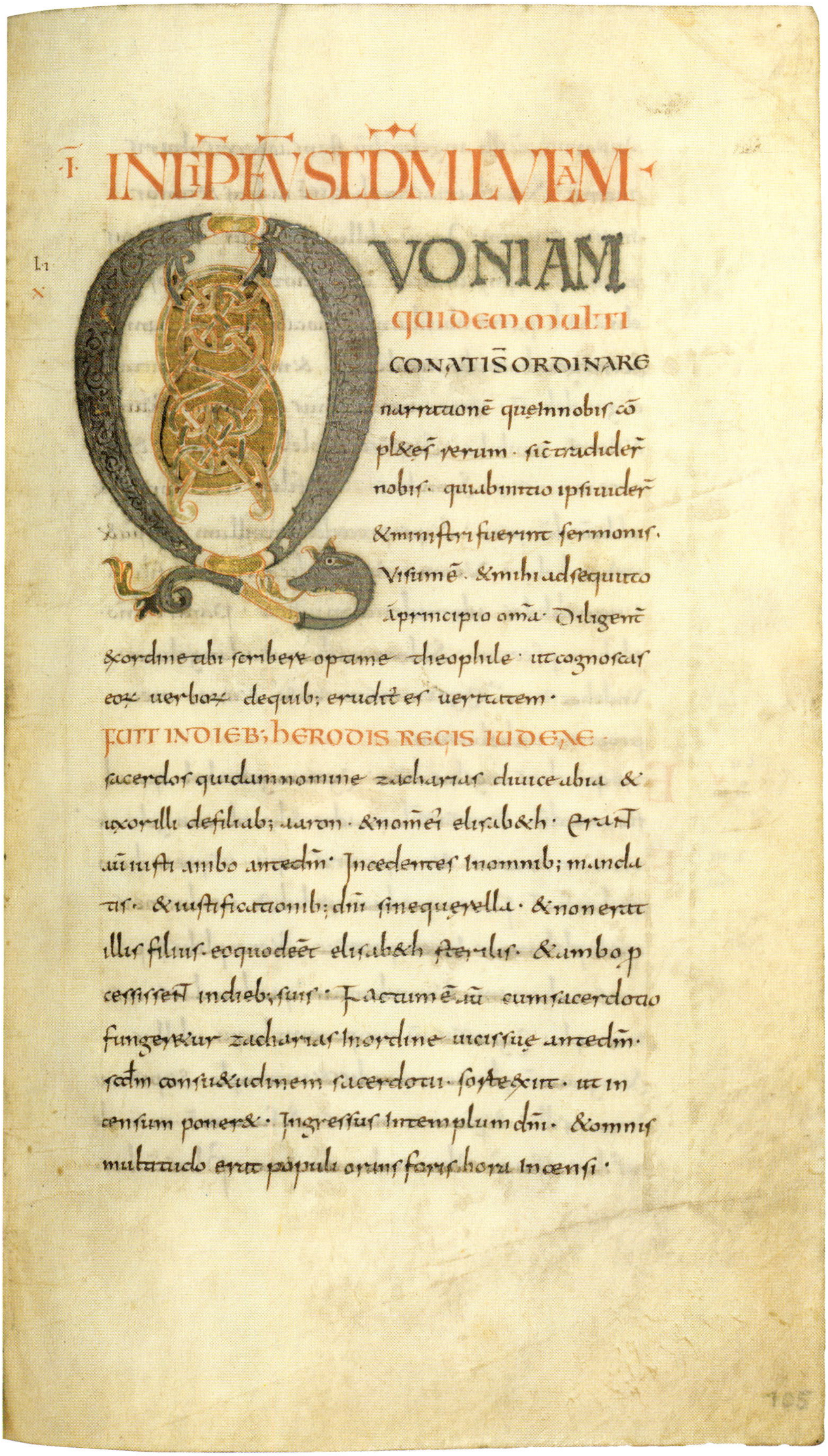

Tafel 21 Evangeliar aus Münsterbilsen. Initialseite. Brüssel, Bibliothèque des Bollandistes, Ms. 299, fol. 105r (Kat. Nr. 3)

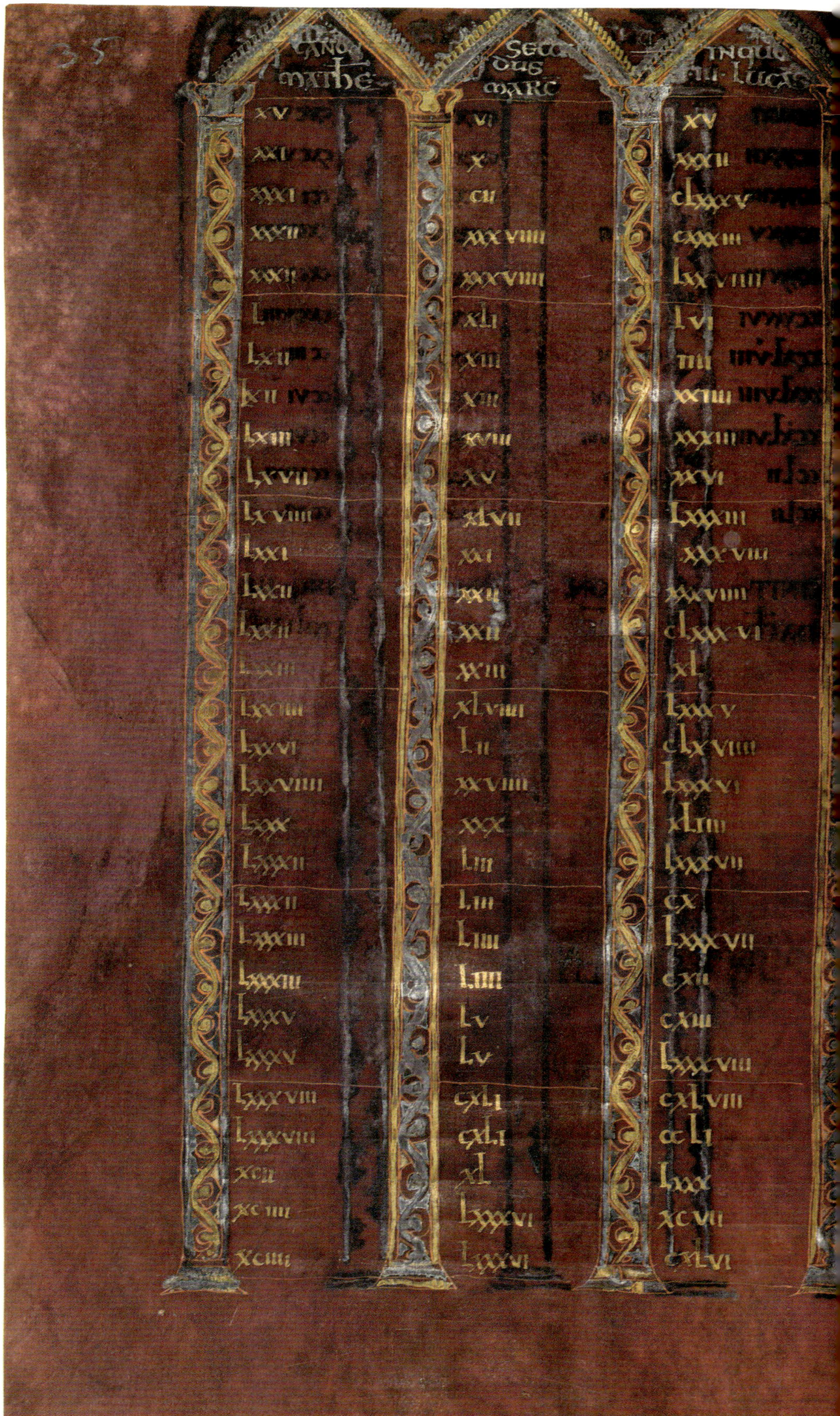

Tafel 22-23 Purpurevangeliar. Kanonta

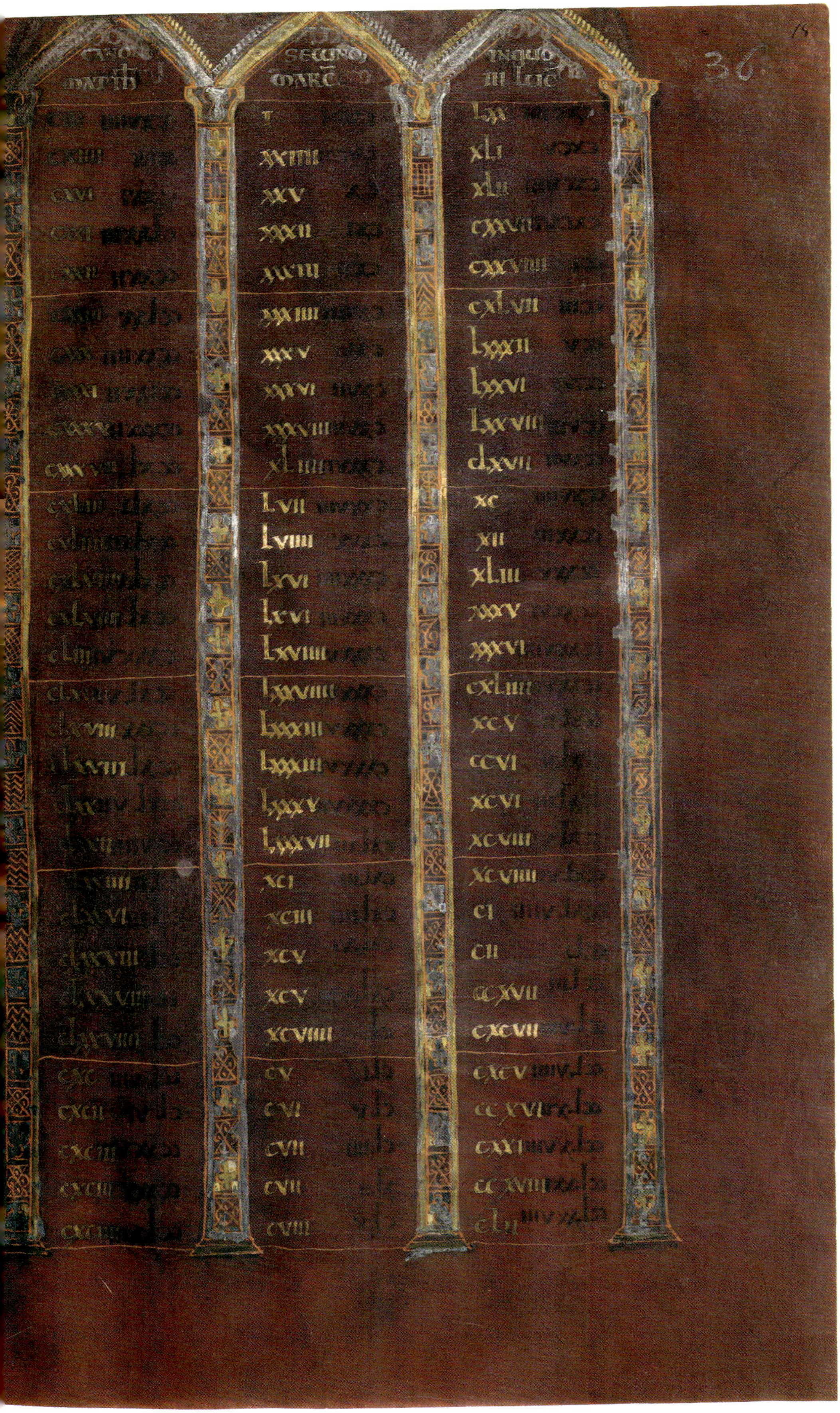

chen, Bayerische Staatsbibliothek, Clm 23631, pag. 35-36 (Kat. Nr. 4)

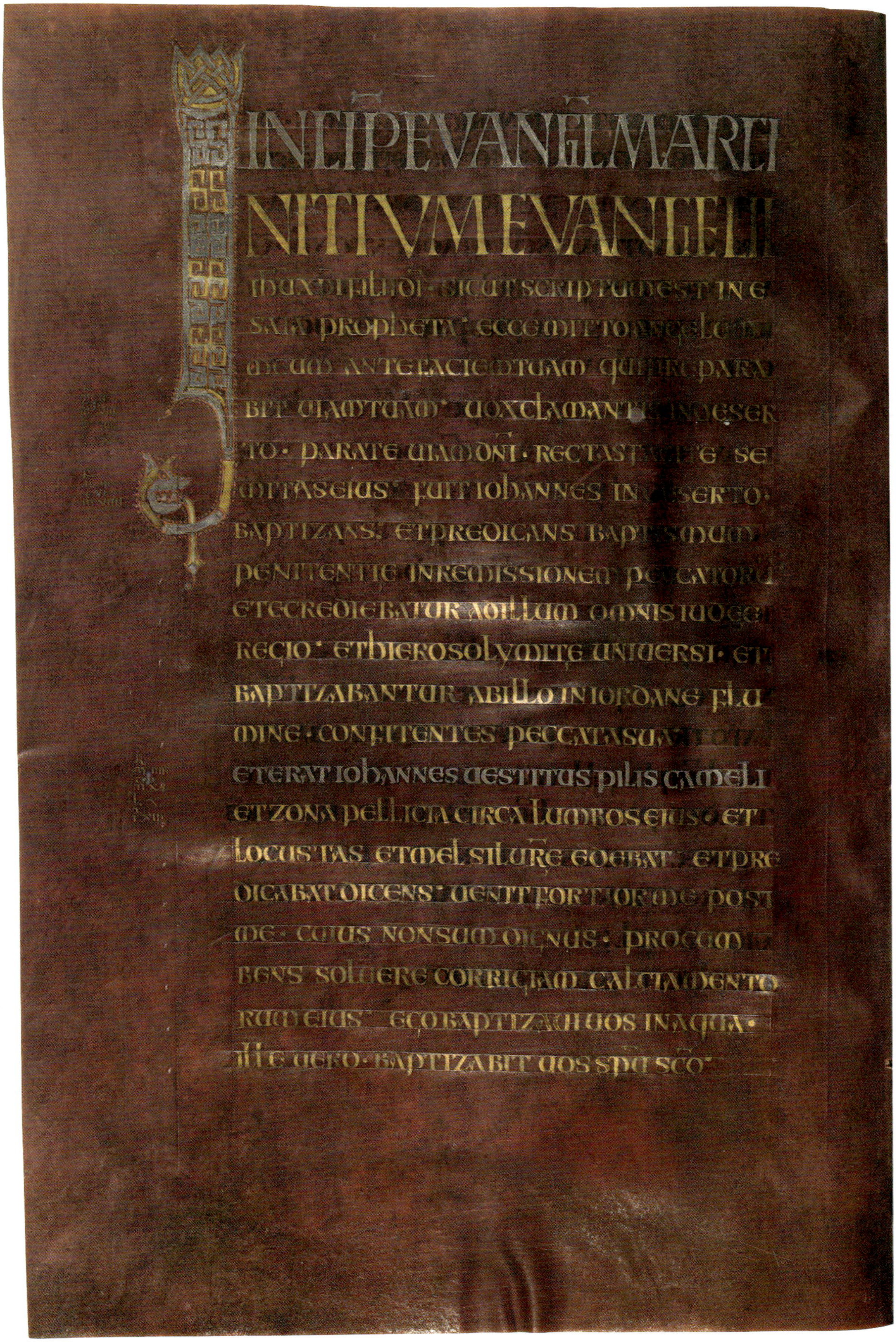
INCIP EVANGL MARCI
INITIUM EVANGELII
IHU XPI FILII DI SICUT SCRIPTUM EST IN E
SAIA PROPHETA ECCE MITTO ANGELUM
MEUM ANTE FACIEM TUAM QUI PRAEPARA
BIT UIAM TUAM UOX CLAMANTIS IN DESER
TO PARATE UIAM DNI RECTAS FACITE SE
MITAS EIUS FUIT IOHANNES IN DESERTO
BAPTIZANS ET PREDICANS BAPTISMUM
PENITENTIAE IN REMISSIONEM PECCATORU
ET EGREDIEBATUR AD ILLUM OMNIS IUDEAE
REGIO ET HIEROSOLYMITAE UNIVERSI ET
BAPTIZABANTUR AB ILLO IN IORDANE FLU
MINE CONFITENTES PECCATA SUA
ET ERAT IOHANNES UESTITUS PILIS CAMELI
ET ZONA PELLICIA CIRCA LUMBOS EIUS ET
LOCUSTAS ET MEL SILUESTRE EDEBAT ET PRE
DICABAT DICENS UENIT FORTIOR ME POST
ME CUIUS NON SUM DIGNUS PROCUM
BENS SOLUERE CORRIGIAM CALCIAMENTO
RUM EIUS EGO BAPTIZAUI UOS IN AQUA
ILLE UERO BAPTIZABIT UOS SPU SCO

Tafel 24 Purpurevangeliar. Initialseite. München, Bayerische Staatsbibliothek, Clm 23631, pag. 174 (Kat. Nr. 4)

& pal mitibus & de dilectione & de pro
missione paracl&i · & omnia patris sua
XII esse & c&era mandata · Ihs discipulos
patri commendat · Ihs a iuda traditur ·
Alloquutio pilati ad iudeos · de ihu &
XIII de barrabba · Passio ihu & sepultura
& resurrectio eius ·
EXPL BREVIARIV EGL
SECD IOHANNEM
INCIPIT EVANGL IOHAN
IN PRINCIPIO ERAT VER
BV · ET VERBVM
ERAT APVD DM ·
& ds erat uerbum · hoc erat in princi
pio apud dm · Omnia per ipsum facta
sunt · & sine ipso factum est nihil ·
quod factum est in ipso uita erat · & ui
ta erat lux hominum · & lux in tenebris

Tafel 25 Purpurevangeliar. Initialseite. München, Bayerische Staatsbibliothek, Clm 23631, pag. 390 (Kat. Nr. 4)

Tafel 26-27 Evangeliar der Sammlung Oettingen-Wallerstein. Evangelist Matthäus – Initialse

gsburg, Universitätsbibliothek, Cod. I.2.2°.1, fol. 8v-9r (Kat. Nr. 5)

Tafel 28-29 Evangeliar der Sammlung Oettingen-Wallerstein. Evangelist Markus – Initials

63

INITIV
euangelii ihu
xpi filii di·
Sicut scriptu
est in esaia
propheta·
Ecce mitto an
gelum meum
ante faciem
tua· qui prae
parabit uiam
tuam·
Uox clamantis
in deserto· para
te uiā dñi rectas
facite semitas
eius·

sburg, Universitätsbibliothek, Cod. I.2.2°.1, fol. 62v-63r (Kat. Nr. 5)

Tafel 30-31 Evangeliar der Sammlung Oettingen-Wallerstein. Evangelist Lukas – Initials

sburg, Universitätsbibliothek, Cod. I.2.2°.1, fol. 96v-97r (Kat. Nr. 5)

Tafel 32 Evangeliar aus St. Emmeram. Kanontafel. München, Bayerische Staatsbibliothek, Clm 14222, fol. 9 r (Kat. Nr. 6)

Kulturstiftung der Länder – PATRIMONIA

In dieser Reihe sind bisher folgende Hefte erschienen:

1 (1988) Wallraf-Richartz-Museum, Köln:
Andachtsbild mit zwölf Szenen aus dem Leben Christi

2 (1988) Von der Heydt-Museum, Wuppertal:
Oskar Kokoschka, *Italienerin,* 1909

3 (1988) Historisches Archiv der Stadt Köln:
Musikautographen von Jacques Offenbach

4 (1988) Historisches Museum Hannover:
Tafelaufsatz von Karl Gundelach, 1903

5 (1989) Prähistorische Staatssammlung, München:
Der keltische Münzschatz von Wallersdorf

6 (1989) Herzog Anton Ulrich-Museum, Braunschweig:
Adam Elsheimer, *Pietà*

7 (1989) Altonaer Museum in Hamburg, Norddeutsches Landesmuseum:
David Jacobsen, *Sonntagnachmittag im Seebad Wyk auf Föhr*

8 (1989) Hamburger Kunsthalle:
Der zwölfjährige Jesus im Tempel von Max Liebermann

9 (1989) Bayerisches Nationalmuseum München:
Statue des hl. Johannes Baptist aus Sterzing von Hans Multscher

10 (1989) Deutsches Literaturarchiv, Marbach:
Franz Kafka – *Der Prozeß,* Manuskript des Romans

11 (1989) Hessisches Landesmuseum Darmstadt:
Joseph Beuys, *Der Darmstädter Werkblock*

12 (1989) Kunstgewerbemuseum, Staatliche Museen Preußischer Kulturbesitz, Berlin:
Ein *Zylinder-Bureau* von David Roentgen

13 (1989) Staatliche Schlösser und Gärten, Berlin:
Eine *Schlafzimmer-Ausstattung* von Julius Zwiener
Ein Auftrag Kaiser Wilhelms II. für das Berliner Schloß. 1895-1900

14 (1989) Freie Hansestadt Bremen, Böttcherstraße:
Liegende Mutter mit Kind von Paula Modersohn-Becker

15 (1990) Museum Hanau, Schloß Philippsruhe:
Der Hanauer Ratspokal

16 (1990) Römisch-Germanisches Zentralmuseum, Mainz:
Keltische Waffen

17 (1990) Stadtbibliothek Trier:
Karolingische Beda-Handschrift aus St. Maximin

18 (1990) Brahms-Archiv, Lübeck:
Brahms-Sammlung aus dem Besitz des Ehepaares Hofmann

19 (1990) Heinrich-Heine-Institut, Düsseldorf:
Klavierkonzert a-moll op. 54 von Robert Schumann

20 (1990) Bayerische Staatsgemäldesammlungen – Alte Pinakothek, München:
Ecce Agnus Dei von Dieric Bouts

21 (1990) Deutsches Literaturarchiv, Marbach:
Rudolf Borchardts Nachlaß

22 (1990) Kestner-Museum, Hannover:
Kameen aus der Sammlung Hellbronth

23 (1990) Die Ministerin für Bildung, Wissenschaft, Jugend und Kultur des Landes Schleswig-Holstein:
Der Große Lübecker Münzschatz

24 (1990) Prähistorische Staatssammlung, München:
Ein Goldschatz aus dem Untermaingebiet

25 (1991) St. Servatii Domgemeinde, Quedlinburg:
Das Samuhel-Evangeliar aus dem Quedlinburger Dom

26 (1990) Staatliche Schlösser und Gärten, Berlin:
Zwei Gemälde aus der Kleinen Galerie des Schlosses Sanssouci

Einzelhefte können, solange der Vorrat reicht, auch bei der Kulturstiftung der Länder käuflich erworben werden.

Kulturstiftung der Länder
Kurfürstendamm 102
1000 Berlin 31
Tel. (030) 8931007